일생일어

一生一語

중국 역사에 이름을 남긴 26인의 인생 키워드

一生 일생
일어 一語

김영수 편저

어른의시간

머리말

인간은 대단히 복잡하고, 한 몸에 다양한 얼굴을 가진 동물이다. 그러므로 평생 한 뜻을 지켜내면서 삶을 마감하기란 결코 쉽지 않다. 명나라 때 홍자성(洪自成)이 쓴 인생 지침서 『채근담(菜根譚)』에 보면 다음과 같은 문장이 나온다.

"기생이라도 만년에 한 남편을 따르면 한 때의 연지분도 장애가 되지 않는 것이요, 정조를 지키던 부인이라도 늘그막에 정조를 잃으면 반평생의 맑은 절개도 다 그르게 되는 것이다. 속담에 이르기를 '사람을 보려면 다만 그 늘그막을 보라'고 하였으니 참으로 명언이로다."

여기에 등장한 '사람을 보려면 그 늘그막을 보라'는 속담은 인간의 삶과 그 의미에 대해 진지하게 성찰하라는 서늘한 지적처럼 들린다. 사람은 인생의 절정기에 세운 업적이나 성과를 통해서 평가를 받기도 하지만 한때 실수하거나 잘못을 했더라도 후반기에 그것을 바로잡으면 좋은 평가를 받을 수 있다. 물론 반대로 큰 업적을 이루었어도 말년에 실수를 하면 물거품이 되고 만다. 그러므로 인생을 살아가면서 매 순간 자신의 인생을 되돌아보는 일은 매우 중요하다.

인간은 정착을 시작한 무렵부터 남녀 관계, 권력욕, 금전욕, 혹은 큰 집단을 어떻게 통솔할 것인가 등을 고민해 왔고 그것은 지금에 이르기까지 변함이 없다. 그러므로 앞서 살아간 인물들이 어떤 삶을 살았는가 알아보는 것은 몇 번을 강조해도 지나치지 않다. 역사 속 인물들의 삶을 계속해서 되돌아보는 것은 현재를 살아가는 데 있어서 판단의 근거가 되기 때문이다.

인류의 역사에는 가볍지 않은 명성을 남긴 많은 인물들이 존재한다. 그중에는 수많은 사람의 칭송을 받는 인물도 있고, 씻을 수 없는 오명을 남긴 인물들도 있다. 이 책은 중국 5천 년 역사 속에서 비교적 널리 회자되며 업적을 남긴 다양한 분야의 인물들을 선별해 삶을 상징하는 한 단어로 일생을 살펴보고 있다.

중국 전설 속 임금이면서 아들이 아닌 민간인에게 왕위를 넘긴 '요순선양'의 주인공 요 임금은 아름다운 권력 '양위(讓位)'로 그의 삶을 규정하고 있다. 월왕 구천이 어려움은 함께해도 부귀와 영화를 함께 누리지 못할 것이라 여긴 월나라 공신 범려의 '토사구팽(兎死狗烹)', 친구에게 배신당하고 20여 년 뒤 통쾌하게 복수한 제나라 군사 전문가 손빈의 '절치부심(切齒腐心)', 유방이 말 위에서 천하를 얻었다(馬上得之)고 하자 말 위에서 천하를 다스릴 수는 없다고 말한 한나라 공신 육고의 '마상치지(馬上治之)' 등은 짧은 단어임에도 인물의 삶이 압축되어 깊은 울림을 준다.

나아가고 물러날 때를 아는 '지지(知止)', 멍청하기란 어렵다는 '난득호도(難得糊塗)', 뼈가 부서지도록 노력한다는 '분골쇄신(粉骨碎身)' 등을 실천으로 보여준 인물들의 일생은 현재를 살아가는 우리에게 자신의 인생을 어떤 단어로 규정할 수 있을지 질문을 던진다.

청백리(淸白吏), 청렴결백(淸廉潔白), 애국충절(愛國忠節)과 같은 단어로 규정될지 탐욕(貪慾), 부정(不正) 등으로 규정될지는 살아가면서 어떤 마무리를 하느냐에 달려 있을 것이다.

좁은 인연의 범위를 벗어나 세상 속의 '나'를 돌아보며 스스로에게 이런 질문을 던져 보길 바란다.

"내 인생을 어떤 말로 설명할 수 있을까?"

이 책에 등장하는 단어를 교훈으로 삼아도 좋지만 자신의 인생을 거창한 단어로 포장할 필요는 없다. '배려', '이해'라는 아주 평범하지만 실천하기 어려운 단어를 인생의 키워드로 삼아 실천해나간다면 개인은 물론이고 세상도 보다 나아질 것이라 기대한다.

2016년 3월
김영수

차례

01 | 양위 讓位 | 가까운 사람이 아닌 능력 있는 사람에게 물려주라

요(堯)
전설 속 제왕

중국 전설 속 임금인 요 임금은 자신의 혈육이 아닌 뛰어난 덕과 능력을 지닌 순에게 자리를 넘겨 '선양'의 의미를 알려주었다. 요 임금과 순 임금의 '요순선양'은 워낙 오랜 옛날 일이고 또 당시 이들의 나이가 과장되어 있어 그 사실 여부에 대한 의심이 있다. 그러나 사실 여부를 떠나 이 고사가 가리키는 핵심은 책임 있는 자리에 있는 사람일수록 후계 문제에 대해 깊은 성찰이 필요하다는 것이다. 사사로운 감정이나 판단에 휘둘려 후계 문제를 잘못 처리하면 그 파급력이 만만치 않다.

요 임금의 후계자 선정

———

요는 중국 역사상 최초의 제왕으로 기록되어 있는 황제(黃帝)의 4대
손 제곡(帝嚳)의 아들이다. 제곡이 70여 년 동안 임금 자리를 지키다
가 105세 무렵 세상을 떠나자 처음에는 맏아들 지(摯)가 자리를 물
려받았다. 그러나 지는 나라를 제대로 통치하지 못해 백성의 원망을
사서 재위 9년 만에 자리에서 물러났다. 그리고 동생 요가 16세의
나이로 즉위했다.

요는 지의 실정을 반면교사(反面教師)로 삼아 교만하게 굴지 않고
백성들을 따뜻한 마음으로 대하고 풍부한 지혜로 이끌었다. 또한 생
업인 농업이 순조롭게 이루어질 수 있도록 계절에 맞게 달력을 조정
하는 등 오로지 백성들을 위해 일했다.

요는 인생의 막바지에 접어들자 후계자 문제를 해결하기 위해
각 부락의 수령들을 소집했다. 이때 방제(放齊)는 요 임금의 아들 단
주(丹朱)를 추천했다. 태자 단주가 임금 자리를 이어야만 자신에게도
득이 될 것으로 여겼기 때문이다.

그러나 요 임금은 딱 잘라 말했다.

"그 애는 덕이 없고 다투기를 좋아하여 쓸 수가 없소. …… 천하
가 손해를 보면서 한 사람을 이롭게 할 수는 없소, 결코!"

요 임금은 자신의 아들인 단주가 천하를 물려받기에 부족하다는
것을 알고 있었다. 여기서 유명한 명언이 탄생했다.

요 임금의 딸 아황과 여영

요 임금은 사람들이 추천한 민간의 순을 시험하기 위해 자신의 두 딸인 아황과 여영을 그에게 시집보냈다.

요순선양을 표현한 한나라 벽돌 그림

요 임금은 의미 있는 후계자 계승으로 삶을 마무리함으로써 두고두고 칭송을 받고 있다. 요순선양은 수천 년 동안 가장 이상적인 권력 계승의 형식으로 추앙을 받아왔고, 오늘날 그 필요성이 더욱 커지고 있다.

종불이천하지병이리일인(終不以天下之病而利一人)

"유능한 사람에게 임금 자리를 물려주면 단주 한 사람에게는 손해겠지
만 천하는 이롭고, 단주에게 물려주면 단주에게는 이롭겠지만 천하가
손해를 본다."

후계자 논의는 계속되었지만 결론이 나지 않았다. 요 임금은 귀
한 사람이든 은둔자든 좋은 사람이면 누구든 추천할 것을 당부했고,
이에 사람들이 민간의 홀아비 순(舜)을 추천했다. 요 임금은 순의 내
력에 대해 물었고, 신하들은 이구동성으로 순의 효와 덕을 칭찬했다.

요 임금은 자신의 두 딸 아황(娥皇)과 여영(女英)을 순에게 시집보
내 그가 남편이자 가장으로서 이들을 어떻게 대하는지 덕을 살폈다.
이렇게 해서 요 임금의 후계자 계승 과정이 시작되었다.

순은 두 부인을 맞아들여 지켜야 할 예의범절에 따라 도리를 다
했다. 요 임금은 순이 믿음직스러웠고 백성을 교화하는 일을 맡기는
등 보다 구체적인 후계자 훈련을 차근차근 진행했다. 순은 모든 과
정을 훌륭하게 해냈다. 요 임금은 "그대는 무슨 일을 하든 다 해냈
고, 한 말은 모두 성과를 냈다"고 칭찬하며 임금 자리를 순에게 물려
주었다. 이것이 바로 '요순선양(堯舜禪讓)'이란 아름다운 권력 양보의
미담이다.

물러날 때를 아는 것

요 임금은 자리에서 물러난 뒤 더 이상 정치에 간여하지 않고 백성들과 더불어 유유자적 시간을 보냈다. 그는 늘 강변과 논두렁을 천천히 거닐며 어부나 농부들과 흉금을 터놓고 이야기했다. 어린아이들과 놀기도 하고, 또 유익한 이야기를 해주기도 하면서 백성들과 친하게 어울렸다. 그러다 보니 요 임금은 재위 때보다 더 백성들의 존경을 받았다. 그로부터 20년 뒤 요 임금은 세상을 떠났고, 백성들은 마치 자신들의 부모가 세상을 떠난 듯 슬퍼하며 3년 동안 음악을 끊어 애도했다고 한다.

한편 순 임금 또한 아들이 아닌 공신 우에게 자리를 넘겨주어 요 – 순 – 우로 이어지는 선양을 이어갔다. 오늘날 중국 최고 지도자들 선출 방식 역시 여기에 뿌리를 두고 있다. 순도 우도 오랜 시간 자신의 능력과 덕을 입증했기 때문에 임금 자리에 오를 수 있었다. 이처럼 중국의 최고 지도자들은 최소 20년 넘게 자신의 능력과 인품을 인민들에게 인정받아야만 한다. 그리고 국가 주석은 또 한 번의 경쟁을 거쳐야 한다. 국가 최고 지도부인 상무위원은 나이 70세가 되면 강제 퇴출되는 점도 지적하고 싶다. 이런 점에서 지금의 중국 지도체제와 그 연원이라 할 수 있는 '요순선양'은 시사하는 바가 적지 않다. 물러날 때를 아는 것이야말로 가장 아름다운 모습이다.

요 임금의 초상화

송나라 때의 화가 마인(馬麟)이 그린 요 임금의 모습이다. 대만국립고궁박물관에 소장되어 있다.

| 忠 情 충정 | 공을 성취하고 천하를 얻으려면
과감하게 결단하라

이윤(伊尹)
중국 최초의 재상

상나라의 탕을 도와 하나라를 무너뜨린 재상 이윤은 임금의 자리에 오른
태갑이 제 역할을 하지 못하자 태갑을 동궁으로 내쫓고 국정을 주도했다.
그리고 3년 뒤 진심으로 뉘우친 태갑을 임금으로 세우고 그를 보필했다.
이 단호한 판단과 결정에 사사로운 마음이 개입되지 않았기에 그의 정성
과 진심은 태갑과 조정 대신들을 감동시킬 수 있었다. 하지만 그에게 3년
이라는 시간은 평생 가장 중요하고 힘든 시기였을 것이다. 이윤이 권력을
욕심내지 않고 새로운 나라와 좋은 군주 그리고 편안한 천하를 이루고자
했기 때문에 오늘날까지 미담으로 전하고 있는 것이다.

상탕의 지극정성에 감복하다

──────

중국 역사상 최초의 재상이자 명재상으로 이름을 남기고 있는 이윤은 이지(伊摯)라고도 한다. 그의 출생과 출신에 관해서는 기록마다 다른데 출신 성분이 좋지 않았다는 점에서는 일치한다. 이윤은 중국 역사상 첫 왕조인 하(夏)나라의 마지막 임금인 걸(桀) 시기에 태어났다.(중국 학계는 하나라가 대략 기원전 2070년 건국되어 기원전 1600년 무렵 멸망한 것으로 보고 있다. 이를 따를 경우 걸 임금 통치기는 지금으로부터 3,600년 전이 된다.)

하걸의 포악한 통치는 날이 갈수록 정도를 더해갔다. 민심과 천하대세는 상(商) 부락의 수령 탕(湯)에게로 기울었다. 하 왕조의 충직한 신하 관용봉(關龍逢)은 하걸이 즐겨 사용한 포락(炮烙)이란 형벌을 보고는 "이 형벌은 마치 봄날에 얼음 위를 걷는 것처럼 위험스럽기 짝이 없다"고 충고했다. 그리고 잘못을 바로잡아 민심을 돌리라고 직언해 결국 죽임을 당했다. 관용봉은 폭군에게 죽은 최초의 신하로 기록되어 있다.

이런 상황을 주시하고 있던 상탕은 도읍을 박(亳)으로 옮기고 내부 결속을 다지면서 기다렸다. 통치의 기본은 덕정(德政)이었다. 한번은 상탕이 교외에 순시를 나갔다가 사방에 그물을 치고 새를 잡고 있는 사람을 보고는 그물의 세 면을 거두게 했다. 그러고는 "왼쪽으로 가려는 것은 왼쪽으로 가게 하고, 오른쪽으로 가려는 것은 오른

쪽으로 가게 하오. 내 명을 따르려 하지 않는 것만 그물로 들어오게 하오"라고 축원했다. 이 이야기를 듣고 백성들은 상탕의 덕이 금수에까지 미쳤다며 칭송했다. 여기서 망개삼면(網開三面)이라는 고사가 나왔다.

시수견형(視水見形) 시민지치(視民知治)

"물을 보면 얼굴이 나타나고, 백성을 보면 다스려지고 있는지를 알 수 있다."

상탕이 한 이 말에서 그가 통치의 본질이 민심에 있음을 자각하고 있었다는 것을 알 수 있다.

대외관계에서 상탕은 하 왕조와 주변 소국들의 갈등 관계를 이용하여 차분하게 하의 우방들을 하나둘 각개격파하면서 세력 범위를 확대시켜 나갔다. 상탕의 세력 확대와 민심의 결속은 다양한 인재들을 우대하고 적극 기용하는 것으로 진행되었다. 이때 이윤을 비롯하여 중훼, 여방, 여구 등이 유력한 조력자로 발탁되었다.

하걸을 멸망시키는 데 가장 큰 공을 세운 인물은 노예 출신의 요리사 이윤이었다. 상탕은 이윤을 모시기 위해 다섯 번이나 그를 청했는데, 그때마다 이윤은 사양했다. 여기서 '오청이윤(五請伊尹)'과 '오청오반(五請五反)'이란 고사성어가 나왔다. 다섯 번 이윤을 청하였

하나라의 걸왕

폭군의 대명사 걸왕은 하나라의 마지막 임금이며 흔히 하걸이라 불린다. 백성을 괴롭히고 아첨하는 신하를 가까이 했으며 충신을 배척했다. 하나라가 망하자 산에서 굶어 죽었다.

상나라의 탕 임금

하나라를 멸망시킨 탕은 흔히 상탕으로 불린다. 재상 이윤의 도움으로 하나라를 무너뜨리고 상나라를 세워 나라의 번영을 이끌었다.

고, 다섯 번 돌아왔다는 뜻이다.

상탕은 직접 이윤을 찾아가 설득 끝에 결국 그를 모셔왔다. 주위에서 하잘것없는 요리사에게 왜 그렇게 정성을 기울이냐고 볼멘소리를 하자 상탕이 말했다.

"여기 눈과 귀를 밝게 하는 영약이 있다면 누군들 먹으려 하지 않을까? 나라도 기꺼이 먹으려 할 것이다. 내가 이윤을 모시러 가는 일은 이런 영약이나 의사에 비유할 수 있다. 그러니 그를 모셔오지 못한다면 얼마나 큰 손실이겠는가!"

『한비자』에는 상탕이 이윤을 70번이나 설득했다고 기록되어 있는데 상탕이 얼마나 지극정성을 다해 이윤을 기다렸는지를 잘 보여준다.

상탕의 정성에 감복한 이윤은 하나라에 다섯 번이나 첩자로 침투하여 정세를 살피고 돌아왔다. 여기에서 '오취하(五就夏), 오취탕(五就湯)'이란 고사가 나왔다. 심지어 이윤은 미인계, 즉 하걸의 애첩인 말희(妹姬)까지 동원하여 하나라의 고급 정보를 수집했다.(이런 행적 때문에 이윤이 첩자의 원조라는 평가를 받는데, 그가 상대에 대한 정보 수집의 중요성을 가장 먼저 인식했다고도 볼 수 있다.)

이윤은 천하 권력의 행방이 혼란에 빠진 상황에서 정세의 변화에 주목하고 어떤 리더를 선택할 것인가를 저울질하며 기다렸다가 상탕을 도왔고, 결국 하나라를 멸망시키는 데 결정적인 공을 세웠다. 당시 이윤은 상탕에게 하를 토벌할 시기가 되었다며 이렇게 말했다.

"공을 성취하고 천하를 얻으려면 조건이 무르익은 상황에서 시기를 잘 파악하여 과감하게 결단할 줄 알아야 합니다."

『사기(史記)』를 쓴 사마천은 상탕의 공덕은 이윤의 도움이 있음으로 빛나게 되었다고 평가한 바 있다.

임금을 내쫓고 임금을 기다리다

이윤은 하남성 기현(杞縣) 이씨의 시조로, 청나라 가경(嘉慶, 1796~1820) 때에 인쇄된 이씨 가보(족보)에 따르면 기현 이씨는 이윤을 시작으로 133대 약 3,400년에 이르는 가계도가 작성되어 있다. 지금으로부터 무려 3,600년이 넘은 성씨인 셈이다. 이윤은 또한 요리의 신으로 추앙받고 있는데 요리와 통치의 본질을 결합시킨 특이한 인물이기도 하다. 그는 상탕에게 요리를 올려 함께 맛을 보며 이렇게 말했다.

"나라를 다스리는 것과 맛있는 요리를 만드는 것은 같은 이치입니다. …… 음식을 만들 때 솥 안에서 일어나는 미묘한 변화는 쉽게 보이지 않습니다. 조미료는 언제 넣어야 하며 얼마나 써야 하는지 등이 모두 알맞아야 합니다. 정치도 마찬가지입니다. 시국의 발전에 어떻게 순응할 것이며, 어떤 법도를 시행할 것이냐는 모두 형세에 대한 관찰이 전제되어야 합니다. 이는 요리할 때 불의 온도와 화력의 정도를 통제하는 것과 같은 이치입니다."

이윤은 요리를 통해 통치의 본질을 깨달았다. 그는 만물의 이치는 그 안에 내재되어 있고, 그것을 볼 줄 아는 눈, 안목은 오랜 기다림 속에서 단련되어 나온다는 것을 알았다. 그리하여 상나라를 건국한 후에도 유능한 인재를 추천하는 등 나라의 안정을 위해 최선을 다했다. 관리들은 직분에 충실했고, 백성들은 마음 편히 생업에 종사할 수 있었다. 상나라는 빠른 속도로 사회적 안녕과 경제적 번영을 누릴 수 있었다.

상탕은 이윤보다 먼저 세상을 떠났다. 게다가 상탕의 맏아들 태정(太丁)도 일찍 죽었기 때문에 이윤은 태정의 동생 외병(外丙)을 도와 임금의 자리에 앉게 하였다. 외병이 죽자 동생 중임(仲壬)이 즉위했고 이때도 이윤은 중임을 보좌했다.

일반적인 인간의 수명으로 본다면 이윤은 중임 때 은퇴하여 말년을 편안히 마무리해야 했다. 하지만 중임마저 이윤보다 먼저 세상을 뜨고 말았다. 후계자 선정을 놓고 조정 대신들은 물론 왕실 종친들까지 이윤에게 도움을 요청했다. 그는 심사숙고 끝에 상탕의 적손(嫡孫), 즉 태정의 아들인 태갑(太甲)을 선택했다. 상나라의 왕위 계승은 대체로 형제 상속이어서 외병과 중임이 차례로 즉위했기 때문에 태정의 적자 태갑에게 차례가 돌아온 것이다.

젊은 태갑이 왕위에 오르자 이윤은 세 편의 글을 써서 통치자의 자질에 대해 충고하였다. 사리분별과 선왕의 좋은 전통을 계승할 것, 그리고 권력자가 쉽게 빠지는 방종(放縱)을 경계하도록 했고 태

이윤의 초상화

이윤은 상탕의 눈에 들어 그를 도와 하나라를 멸망시키고 재상의 자리에 올랐다. 상탕이 죽은 이후에도 상나라를 위해 여러 임금을 섬겼다. 요리사 출신인 그의 초상화에는 항상 요리용 그릇이 등장한다.

상탕의 무덤

하남성 언사현에 있다. 상탕의 적손 태갑을 왕으로 세운 이윤은 그가 왕위에 오른 뒤 방탕한 생활에 빠지자 상탕의 무덤 근처 동궁으로 추방했다. 그곳에서 태갑이 상탕의 교훈을 깊이 깨닫고 자신의 잘못을 뉘우치자 이윤은 그를 왕으로 다시 모셨다.

갑 또한 잘 따랐다. 그러나 즉위 3년이 지날 무렵 태갑은 방탕한 생활에 젖어들기 시작했다. 이윤의 충고는 잔소리로 들렸고, 그럴수록 독단적 통치에 마음이 기울었다. 법과 규정을 무시하고 자기에게 아부하는 인물을 중용하고, 백성을 착취했다.

늙은 이윤은 무너져 가는 태갑의 모습에 마음이 편치 않았다. 여러 차례 진심으로 충고했으나 소용이 없었다. 이윤은 마음이 아프고 괴로웠다. 자신을 다섯 번이나 찾았던 상탕의 지극정성과 상나라의 안위가 걱정이었다. 고심 끝에 이윤은 태갑을 할아버지 상탕의 무덤이 있는 동궁(桐宮, 지금의 하남성 언사현)으로 추방했다. 그곳에서 태갑이 뉘우치길 바랐다. 그리고 주변의 오해를 무릅쓰며 새로운 임금을 세우지 않고 자신이 국정을 주관했다. 태갑이 개과천선하기를 기다리겠다는 의지였다.

태갑은 동궁에서 할아버지 상탕의 인품과 그가 남긴 업적 및 교훈을 통해 자신이 저지른 잘못을 제대로 인식하고 통렬한 반성의 나날을 보냈다. 또 이윤의 역할과 공적에 대해서도 바로 들을 수 있었다. 백성들과 접촉할 기회도 많이 가지며 열심히 일하는 백성들의 모습에서 그들의 고생과 즐거움을 알게 되었다. 태갑은 진심으로 반성하고 자신의 잘못과 결점을 깨달았다.

3년 뒤 태갑은 환골탈태(換骨奪胎)하여 새로운 사람으로 거듭났다. 이윤은 태갑의 상황을 지켜보며 이루 말할 수 없이 기뻤다.

마침내 이윤은 조정의 문무백관과 함께 동궁을 찾았다. 이윤은 태갑에게 큰절을 올렸고 그에게 자리를 돌려주었다. 태갑 또한 이윤에게 절을 올리며 진정에서 우러나는 존경심으로 답했다. 태갑은 이윤을 전과 다름없이 조정의 최고 대신 자리에 두었다. 동시에 과거의 교훈을 잊지 않고, 할아버지 상탕을 모범으로 삼았다. 자신을 엄격하게 통제하면서 정치에 심혈을 기울였으며 백성들을 아끼는 마음은 남달랐다. 얼마 뒤 이윤은 어느 누구보다 편안한 심경으로 세상을 떠났다.

전국시대 한 사람이 맹자에게 군주가 현명하지 못할 경우 신하가 그를 내쫓을 수 있는지 물었다. 이에 맹자는 이렇게 답했다.

"이윤과 같은 의지가 있으면 가능하지만, 이윤과 같은 의지가 없으면 왕위를 찬탈할 것이다." —『맹자』「진심(盡心)」

03 | 토사구팽 兎死狗烹

어려움은 함께해도
부귀와 영화를 함께 누릴 이가 아니다

범려(范蠡)
춘추시대 월나라의 공신

오월쟁패에서 월왕 구천을 도와 오나라를 멸망시킨 범려는 인생 삼모작을
모두 대성공으로 이끌었다. 그러나 이런 대성공의 이면에는 범려의 명철
한 판단력과 결단이 있었다. 바로 진퇴의 지혜였다. 나아가고 물러날 때를
정확하게 판단하는 것은 물론 실제로 결단을 내리는 행동이야말로 여유로
운 인생 후반기를 보장한다.

범려는 자연과 더불어 지내며 인생의 말년을 보냈다. 그의 인생은 세속적
인 성공의 차원을 넘어 무욕(無慾)의 경지에서 바라봐야 할지도 모른다. 이
같은 경지를 보통 사람이 성취하기란 어렵겠지만 중요한 것은 그 경지를
동경하고, 이루고자 하는 마음을 가지는 것이다.

알려지지 않은 위대한 역사적 인물

중국 신파 무협소설가로서 지금까지 억 단위의 무협소설을 팔았다는 홍콩 100대 부자이며 홍콩 유력 일간지 〈명보(明報)〉의 사주이기도 한 김용(金庸, 1924~)은 역사 인물들 중 누구를 가장 좋아하냐는 독자들의 상투적인 질문에 춘추시대 월(越)나라의 공신 '범려'를 첫손가락에 꼽았다. 대부분 의외의 답이라는 반응이었지만 범려의 일생을 조금 더 깊이 들여다보면 충분히 수긍할 만하다. 과연 범려는 어떤 사람일까?

범려의 자는 소백(少伯)이고, 춘추시대 말기 초나라 완(宛, 지금의 하남성 남양) 출신이다. 범려는 춘추 말기의 대미를 장식한 대표적인 인물로, 뛰어난 정치가이자 군사가이자 또 사업가였다. 중국 역사상 범려만큼 화려한 경력, 그것도 성공 경력을 가진 사람은 드물다. 그러나 그의 재능과 능력은 알아주는 이가 없어 비교적 늦게 꽃을 피웠다.

월나라 왕 구천(勾踐)이 즉위한 뒤 국제 정세는 오(吳)나라와 무한경쟁에 돌입하는 등 요동치기 시작했다. 구천은 백방으로 인재를 구했고, 이 일은 대부 문종(文種)이 맡았다. 문종은 각지를 떠돌다가 교통의 요지로 사람이 많이 왕래하는 완 지역에서 범려를 만났다. 문종은 몇 차례 그를 만나면서 식견과 안목에 반했고, 갖은 정성을 다해 범려를 월나라로 데려오는 데 성공했다. 범려는 곧바로 능력을 발휘했고, 그는 문종과 함께 각각 구천의 왼팔, 오른팔이 되었다. 오월쟁패는 범려의 등장으로 새로운 전기를 맞이하기 시작했다.

기원전 494년 오나라 왕 부차(夫差)가 몸소 군대를 이끌고 월나라를 공격했다. 범려는 구천에게 세 가지 묘책을 제시하였으나 받아들여지지 않았다. 아마 구천의 수준으로는 범려의 묘책을 이해할 수 없었을 것이다. 월나라는 참패했고, 구천은 아내와 함께 오나라로 끌려가서 부차의 시중을 들어야만 했다.

범려는 구천 부부를 따라 오나라로 가서 오왕 부차의 시중을 함께 들었다. 그리고 구천의 신변 안전과 재기를 위해 문종을 월나라에 남겨 민심을 수습하면서 은밀히 재기 준비를 갖추게 했다. 3년 뒤 월왕 구천은 범려의 헌신적인 보살핌과 충성심에 힘입어 무사히 월나라로 돌아올 수 있었다. 당시 부차의 시중을 들던 구천은 부차가 병이 나면 똥까지 맛을 보며 그의 비위를 맞추어야 했다. 아마 범려가 곁에 없었더라면 그러한 치욕을 견디기 힘들었을 것이다. 구천이 힘겨워 좌절할 때마다 범려가 옆에서 격려했다. 심지어 적의 우두머리인 부차조차 범려에게 반하여 그를 곁에 두고 싶어 했다. 하지만 범려는 한순간의 영달을 위해 지조를 버리는 성품이 아니었다.

귀국한 범려는 구천에게 '십년교훈(十年敎訓), 십년생취(十年生聚)'라는 원대한 국가 전략을 제시했다. '10년 동안 지난날의 실수를 교훈으로 삼고, 10년에 걸쳐 인구와 생산력을 늘려' 복수하겠다는 전략이었다. 복수심에 불타 섣불리 오나라를 공격했다가는 더 큰 낭패

〈와신상담도〉

월나라의 왕 구천의 '와신상담'을 표현한 벽돌 그림이다. 구천은 오나라에 패하여 오왕 부차의 시중을 드는 치욕을 겪었다. 이때 범려가 곁에서 그를 위로했는데 그들은 3년 뒤 월나라로 돌아와 10년에 걸친 복수 계획을 세웠다. 결국 범려의 책략과 구천의 '와신상담'으로 월나라는 오나라를 멸망시킬 수 있었다.

를 볼 수 있었다. 범려의 이런 책략은 훗날 중국인의 정신세계에 큰 영향을 미쳐 '사나이 복수 10년 뒤라도 늦지 않다' 등 중국 특유의 복수관을 형성하게 했다.

월나라는 범려의 원대한 책략과 복수를 위해 '와신상담(臥薪嘗膽)'과 같은 고난의 길을 마다 않은 구천의 리더십에 힘입어 마침내 오나라에 복수하고 멸망시킬 수 있었다. 구천은 범려와 문종을 최고 공신에 봉했고, 범려에게 천하를 함께 경영하자고 제안했다.

그러나 범려는 뜻밖에도 구천에게 사직서를 내밀었다. 구천이 강력하게 만류했지만 범려는 다음과 같은 사직서만 남긴 채 식솔을 데리고 월나라를 떠났다.

"신은 이렇게 들었습니다. 군주에게 근심이 있으면 신하는 수고롭고, 군주가 욕을 보면 신하는 죽는다고 말입니다. 지난날 군왕께서 회계(會稽)에서 치욕을 당하셨는데도 죽지 못한 것은 이 일 때문이었습니다. 이제 지난날의 치욕은 이미 씻었습니다. 하오니 이제 회계의 치욕에 따라 신의 목을 베어주십시오!"

사실 범려는 구천이 어려움은 함께 할 수 있어도 부귀와 명예는 함께 누릴 사람이 못 된다고 판단했다. 그래서 자신을 알아주었던 은인이자 친구인 문종에게 편지를 써서 '토사구팽(兎死狗烹)'을 들며 함께 떠날 것을 권했다.

문종은 퍼뜩 깨닫는 바가 있었으나 망설였다. 그러고는 병을 핑계로 조정에 나가지 않았다. 그러자 도리어 구천의 의심을 사게 되었다. 구천은 문종에게 촉루검을 내리며 말했다.

"당시 그대는 내게 오나라를 없앨 일곱 가지 계책을 일러주었다. 그런데 나는 세 가지만 활용하고도 오나라를 멸망시켰고, 나머지 넷은 그대에게 남아 있다. 이제 그대는 선왕의 뒤를 따라가서 나머지를 써먹도록 하라."

문종은 그것이 자신의 죽음을 요구하는 것임을 알았다. 문종은 오자서(伍子胥)가 자결했던 촉루검으로 목을 그어 자결했다.(오자서는 오나라의 대신으로 오왕 합려 때 초나라를 멸망시키는 등 크게 활약했다. 하지만 부차가 즉위한 뒤 불화로 인해 오나라를 저주하고 자결하였다.)

한편 범려는 가족들과 함께 제나라에 도착한 다음 진짜 성과 이름은 숨기고, 스스로 치이자피(鴟夷子皮)라 부르며 농사를 지으며 살았다. 치이자피의 확실한 뜻은 알 수는 없으나 오자서가 가죽 주머니에 담겨 전당강에 던져졌다는 기록으로 미루어 범려가 오자서를 생각하며 만든 이름이었을 것으로 추측한다. 범려는 이간책으로 오자서를 자결하게 하고 오나라를 멸망시켰지만 오자서를 존경했다. 그래서 월나라를 떠나면서 이 이름으로 바꾸어 오자서를 추모한 것으로 보인다.

상업에도 뛰어난 능력을 보이다

범려는 경제와 이재에도 밝은 사람이었다. 일찍이 경제 전문가인 계연(計然)을 스승으로 모신 적도 있어 정치와 농사가 큰 이치에서 서로 통한다는 것을 통찰하고 있었다.

짧은 기간에 범려가 상당한 재산을 모으자 인근 백성들은 범려의 재산 증식 기술을 보고 놀라움을 금치 못했고, 시기와 질투의 눈으로 보는 사람들도 적지 않았다. 그러나 범려는 겸손했으며 자신의 재산을 여러 사람에게 나누어주었다. 백성들은 점차 범려를 존경했고 범려의 명성은 제나라 왕의 귀까지 들어갔다. 왕은 범려에게 사람을 보내 제나라 정치를 맡아 달라고 청했다. 정치의 속성을 누구보다 잘 알고 있었던 범려는 당연히 이 제안을 거절했다. 게다가 자신의 신분이 알려지는 날에는 상황이 더욱 복잡해질 판이었다. 그는 서둘러 재산을 처분하고 가벼운 귀중품 정도만 챙겨 제나라를 떠나 도(陶, 지금의 산동성 정도 서북)로 이주했다.

범려는 도 이름을 따 도주공(陶朱公)이라는 이름으로 바꾸었다. 이것은 앞으로 벌일 사업을 고려한 것이었다. 당시 도 지역은 교통이 발달한 곳으로 교역과 상업에 적합했다. 범려는 본격적으로 상업에 뛰어들었다. 상품의 가격은 공급에 따라 결정된다는 것을 알았기 때문에 우선 시장 정보를 파악했다. 물건이 귀할 때 팔고, 물건이 많을 때 사들여야 하며, 절대 시기를 놓쳐서는 안 된다는 경제 원칙을

범려의 상

비석에 새긴 범려의 모습이다. 월나라의 신하 범려는 정치, 군사, 경제에 뛰어난 능력을 보였으며 물러날 때를 알았다. 관직을 떠나 큰돈을 모으기도 했으나 욕심을 부리지 않았고 유유자적 인생을 마무리했다.

절강성에 있는 범려의 사당

터득했다. 사들인 상품은 철저한 관리를 통해 상하지 않게 하되, 쉽게 상하는 상품은 절대로 오래두지 않는 경영 방침을 세웠다. 사업은 번창했고, 사람들은 천하의 부호를 논할 때면 도주공을 으뜸으로 꼽았다.

호사다마(好事多魔)라 했던가? 이때 범려의 둘째아들이 살인죄를 짓고 초나라 감옥에 갇히는 일이 생겼다. 범려는 둘째아들을 구하기 위해 막내아들을 초나라로 보내려 했다. 하지만 책임감이 강한 큰아들이 자기가 가야 한다고 고집하는 바람에 큰아들을 보내게 되었다.

범려는 초나라에 있는 친구 장생(莊生)에게 쓴 편지와 그에게 줄 황금을 큰아들에게 건네면서 모든 일을 장생에게 맡기라고 신신당부했다. 초나라에 도착한 큰아들은 범려의 말대로 편지와 황금을 장생에게 건넸다. 장생이 다음 일은 자기에게 맡기고 돌아가라고 했으나 큰아들은 동생을 데려가겠다고 버텼다. 또한 장생의 당부를 어기고 초나라 관리들에게 뇌물을 주어 동생의 선처를 부탁했다.

얼마 뒤 큰아들은 동생이 풀려난다는 소식을 들었다. 그는 자신이 뇌물을 준 것이 주효했다고 여겼다. 그러자 장생에게 준 황금이 아까워 황금을 돌려달라고 요구했다. 장생은 심한 모욕을 당했다며 궁으로 돌아가 둘째아들의 석방을 막았고, 결국 둘째아들은 사형을 당하고 말았다.

소식을 전해들은 범려의 가족들은 통곡했지만 범려는 쓴웃음을 지었다. 사실 범려는 큰아들을 보내면서 둘째아들의 죽음을 예견했다. 당초 막내아들을 보내려 했던 것은, 막내아들이 부유할 때 태어나 돈 쓰기를 아까워하지 않는 성격이라 자신이 시키는 대로 할 것이라는 걸 알았기 때문이었다. 그러나 큰아들은 어려울 때 태어났기에 돈 아까운 줄 알아 분명 장생에게 돈을 돌려달라고 할 것이라 예상했다.

말년에 뜻하지 않게 아들을 잃는 슬픔을 겪은 범려는 그로부터 몇 년 뒤 모든 일에서 손을 뗐다. 대신 물고기 기르기, 꽃 감상 등의 취미를 즐기며 유유자적 인생을 마무리했다. 일설에는 그가 물고기를 기르는 법에 관한 『양어경(養魚經)』이란 책을 썼다고도 한다.

절치부심

切齒腐心

20여 년의 대하 복수극을 통쾌하게 마무리하다

손빈(孫臏)
전국시대 제나라의 군사 전문가

손빈은 친구 방연에게 배신을 당하고 앉은뱅이가 되어 제나라로 도망쳤다. 그는 병법에 대한 뛰어난 능력으로 20년이 지나 통쾌한 복수에 성공했다. 이후 손빈은 배신과 복수, 정치판의 음모와 술수에서 완벽하게 발을 뺐다. 그는 물러날 때를 알고 고향으로 돌아와 마지막 순간까지 병법서를 집필하며 지냈다. 손빈이 쓴 『손빈병법』은 실전에 가장 유용한 최고의 병법서로 인정받고 있다. 말년을 어떻게 정리할 것인가 확고한 의지로 실천에 옮긴 손빈의 마지막 결단은 본받을 만하다.

세상에 모습을 드러낸 『손빈병법』

『사기』권65 '손자오기열전'은 최고의 병법서로 손꼽히는『손자병법(孫子兵法)』을 남긴 병성(兵聖) 손무(孫武)와, 아내를 죽이면서까지 장수가 되고 싶었던『오자병법(吳子兵法)』의 오기(吳起)가 주인공이다. 그런데 이 열전을 가만히 보면 또 한 사람이 등장한다. 바로 앉은뱅이 군사 전문가 손빈이다.

손빈은 오랜 세월 손무와 동일 인물이거나 사마천이 두 사람을 착각한 것으로 오해받아 왔다. 손무는『손자병법』을 남겼기 때문에 그 정체성을 의심할 여지가 없었으나 손빈의 병법은 기록만 있지 남은 것이 없었고, 또 손빈도 손무처럼 손자로 불렸기 때문에 이런 오해가 발생한 것이다. 또한 손빈이 손무의 후손이라는 설도 상당히 강했다.

이런 오해와 오인은 2,000년 이상 지속되었다. 오랜 세월 손무에 가려져 왔던 손빈과 그의 병법이 세상에 드러난 것은 1972년에 발굴된 한나라 무덤 덕분이었다. 산동성 임기현(臨沂縣)의 은작산(銀雀山)에 있는 전한시대의 고분군인 한묘(漢墓)에서 기록으로만 존재했던 손빈의『손빈병법』죽간(竹簡)이 실제로 발견된 것이다. 이로 인해 앉은뱅이는 무덤을 걸어 나와 자신의 파란만장한 행적을 세상에 당당하게 드러냈다.

은작산 한묘

중국 산동성 임기현 은작산에서 1972년 한나라 시대의 고분군이 발견되어 여러 죽간이 출토되었다.
이때 기록으로만 남아 있던 『손빈병법』이 세상에 모습을 드러냈다.

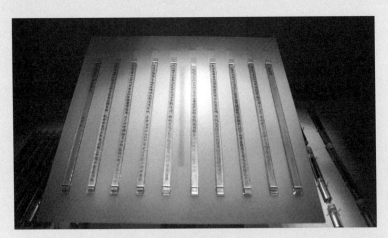

은작산 한묘에서 발굴된 『손빈병법』 죽간(CC BY-SA 3.0)

손빈을 시기한 방연의 음모

손빈은 전국시대 산동성 동쪽에 위치한 제나라 견읍(鄄邑, 지금의 산동성 견성현) 출신이다. 본명과 나고 죽은 해는 분명치 않다. 빈이란 이름을 가지게 된 것은 그가 무릎 아래를 발라내는 빈형(臏刑)을 받았기 때문이다.

젊은 날 손빈은 중국 역사상 가장 신비한 기인으로 불리는 귀곡자(鬼谷子)를 찾아가 병법을 비롯해 다양한 공부를 시작했다. 이때 손빈은 방연(龐涓)을 만나 동문수학하며 형제처럼 지냈다. 하지만 방연은 아무리 애를 써도 손빈의 능력을 따를 수 없어 늘 속으로 열등감을 느꼈다.

방연은 먼저 하산하여 위나라 혜왕을 찾아갔다. 당대 최고의 스승에게서 배운 탁월한 실력으로 위나라의 장군이 된 방연은 혜왕에게 손빈을 추천했다. 혜왕은 흔쾌히 승낙했고, 손빈도 하산하여 방연에게 몸을 의지했다. 이때 손빈은 방연의 배려에 깊이 감사했는데 이것은 큰 착각이었다. 사실 방연의 속내는 손빈을 자기 가시권 안에 묶어두는 것이었다. 그러면 별다른 문제가 없을 것이라고 판단했지만 손빈이 가까이에 있자 그의 열등의식은 더욱 강해졌다.

결국 방연은 손빈을 해치기로 결심하고 흉계를 꾸몄다. 손빈이 제나라에 있는 친지에게 보낸 편지를 가로채서 내용을 조작한 다음 적국과 내통한다며 반역죄를 뒤집어씌운 것이다. 당시 위나라와 제

41
절치부심·切齒腐心

나라는 각각 동서 양대 강국으로 적대 관계였기 때문에 혜왕은 손빈에게 사형을 선고했다.

이때 방연이 손빈을 옹호하고 나섰다. 물론 연기에 불과했다. 방연은 손빈의 집안에서 대대로 내려오는 병법서와 병법에 대한 손빈의 탁월한 식견이 탐나 그를 살려 두려한 것이었다. 방연은 손빈을 한껏 변호한 다음 무릎뼈를 발라내는 빈형과 먹물로 얼굴에 죄인임을 나타내는 글자는 새기는 경형(黥刑) 정도로 봐주자고 제안했다. 이는 손빈이 더는 세상에 얼굴을 드러내지 못하게 하겠다는 방연의 치밀하게 계산된 막후 공작이었다. 하지만 영문도 모른 채 빈형을 당하여 앉은뱅이 신세가 된 손빈은 자신을 변호해 준 방연에게 감사해하며 그를 은인으로 생각했다.

이후 손빈은 방연이 마련해 준 거처에서 병법 연구에 몰두했다. 방연에게 조금이나마 은혜를 갚는 길은 자신이 가장 잘하는 병법서를 저술하는 것이라고 생각했기 때문이다. 하지만 방연이 손빈을 감시하라고 딸려 보낸 하인에 의해 방연의 음모가 드러났다. 손빈의 인품에 반한 하인이 실상을 낱낱이 알려준 것이다. 손빈은 마침 위나라에 사신으로 온 제나라 위왕의 측근 순우곤(淳于髡)과 연락한 다음 미치광이 행세를 하여 감시가 소홀한 틈을 타 제나라로 탈출했다.

손빈은 20년이 넘는 세월 동안 복수의 날을 기다렸고, 계릉과 마릉 전투에서 방연을 물리치고, 게다가 방연을 자살하게 만듦으로써 파란만장했던 대하 복수극을 마무리 지었다.

마릉 전투

방연의 계략에 앉은뱅이가 된 손빈은 우여곡절 끝에 제나라로 건너가 20년 동안 복수를 계획했다. 결국 마릉 전투에서 손빈은 뛰어난 전략으로 방연의 군대를 전멸시켰고 방연은 "이 촌놈의 명성을 세상에 알리게 되었다"며 자결했다.

손빈은 마릉 전투 이후 더 이상 정치 무대에 나서지 않았는데, 제나라 재상 추기(鄒忌)와 자신을 이끌어 주었던 대장 전기(田忌) 사이의 알력이 격화되었기 때문이다. 추기는 출중한 외모에 박학다재하고 언변이 뛰어난 인물이었다. 하지만 아량은 재능을 따르지 못했다. 전기가 손빈의 도움으로 여러 차례 전공을 세우자 이 때문에 자신의 명성과 지위가 흔들리지 않을까 겁이 났다. 일찍이 추기는 계릉 전투 때 위나라를 공격하여 조나라를 구하는 일에 적극 반대한 적이 있었다. 마릉 전투 때도 마찬가지였다. 손빈의 설득력 있는 전략과 전술, 전기의 경험에 위왕의 강한 의지가 없었더라면 추기의 뜻이 받아들여졌을 것이다.

결과적으로 전기가 일등공신이 되었고, 추기의 입지는 좁아졌다. 이에 추기는 전기가 전투에서 패하거나 전사하길 바랄 정도였다. 추기의 이런 의중을 간파하고 있던 손빈은 마릉 전투에서 승리한 다음 전기에게 군대를 추슬러 추기를 제거하라고 건의하며 그것이 위왕을 지키는 길이라고 했다. 하지만 전기는 결국 이를 받아들이지 못했다.

전쟁터에서는 무장이 주인공이지만, 정치에서는 정치가를 당해 낼 수 없다. 물론 정치가 뺨치는 무장들이 없는 것은 아니지만 이는 드문 경우이고, 무장이 정치가들에 의해 실각하거나 죽임을 당한 사례는 수없이 많았다. 전기 역시 예외가 아니었다. 추기의 모함으로 그는 초나라로 망명하는 신세가 되었다.

정치판을 벗어나 초야로

이 같은 상황을 예측하고 있었던 손빈은 마릉 전투 이후 자신의 건의가 받아들여지지 않자 바로 전원으로 은퇴했다. 정치판에 말려들지 않겠다는 결단이었다.

손빈은 고향 견읍으로 돌아왔다. 생활은 단순하고 조촐했으나 마음은 어느 때보다 편했다. 방연에게 속아 두 다리를 잃고 절망 속에서 살았던 인욕의 세월, 방연의 정체를 전혀 몰랐던 자신의 어리석음에 대한 자책의 나날, 미치광이를 가장해서 방연의 마수에서 벗어나기까지의 피를 말리는 시간, 복수의 기회를 잡기 위해 노심초사했던 나날들, 복수를 끝낸 뒤의 회한, 제나라 정치판에 대한 실망과 환멸 등이 손빈의 마음을 훑고 지나갔다.

손빈은 마을 사람들이 특별히 만들어준 바퀴 달린 의자를 타고 마을 곳곳을 다니며 사람들과 얼굴을 익혔다. 얼마 지나지 않아 청년들이 손빈에게 가르침을 청하며 몰려들었다. 손빈은 지금까지 자신의 경험을 병법서로 정리하는 한편 제자들을 가르쳤다. 그것이 손빈이 가장 잘하는 일이자 이 세상에서 할 수 있는 마지막 일이자 책임이었는지도 모른다. 손빈은 마지막 생명의 불씨를 뜨겁게 태워 나갔다.

그사이 자신의 탈출을 도왔던 순우곤이 손빈을 찾아와 다시 상경할 것을 권했다. 손빈은 정중하게 사양했다. 그런데 순우곤을 통해 전기가 초나라에서 우울하게 지내다 죽었다는 소식을 들었다. 손빈은 이 말을 듣고 한없이 눈물을 흘리며 자신의 생각을 더욱 다졌다. 그러면서 순우곤에게 돌아가서 자신을 대신해 전기의 무덤에 향을 피워 달라고 부탁했다. 손빈은 하늘을 우러러 "더 이상 원수(전기)께서 번뇌할 일이 없을 테니, 편히 쉬소서"라는 추도의 말을 올렸다.

실전에 가장 유용한 최고의 병법서

손빈이 병법서를 완성하는 과정에 대해서는 다음과 같은 이야기가 전한다.

하루는 손빈 부인 소씨(蘇氏)가 남편의 흥분한 표정을 보고는 작게 말했다.

"병법서를 다 완성하셨군요."

손빈은 흥분을 감추지 못하고 들뜬 목소리로 답했다.

"다 썼소이다. 하지만 아직 다듬어야 할 것 같소. 문장은 다듬으면 다듬을수록 좋은 거니까."

"매일 당신이 글쓰기에 지쳐 있는 모습을 보고 있노라면 제 마음이 많이 아팠습니다. 휴식을 권하고 싶었지만 당신의 생각을 망치게할까 봐 겁이 났지요. 다 쓰셨다니 이제 며칠 쉬고 다듬는 일은 천천히 하셔도 늦지 않을 겁니다."

손빈의 초상화

마릉 전투에서 승리한 손빈은 정치에서 물러나 고향에서 병법서를 쓰는 일에 몰두했다. 자신의 삶과 경험을 객관적인 이론서로 정리한 『손빈병법』이 완성되는 순간 그는 세상을 떠났다.

손빈은 부인의 손을 꼭 잡으며 미소를 지었다.

"좋소이다. 오늘은 당신 말을 무조건 듣겠소. 편히 쉽시다."

그날 아침, 손빈은 손자와 손녀들을 데리고 시내가 흐르는 숲으로 산책을 나갔다. 간단하게 요기를 한 다음 어느덧 청년이 된 손자와 바둑을 두었다.

바둑판의 흑돌과 백돌이 나누어지고, 공격과 방어가 시작되자 손빈은 바둑판 위로 전투 광경을 떠올렸다. 순간 손빈은 바둑돌을 놓고 급히 집으로 돌아왔다. 그러고는 써 놓은 병법서의 일부를 고치기 시작했다.

날이 저물어 소씨는 서재 책상에 엎드려 있는 남편을 발견하였다. 그는 아들과 손자를 불러 남편을 방으로 옮겨 눕히게 했다. 그때 소씨는 남편의 숨이 멎었다는 것을 알았다. 음력 8월 18일 손빈이 숨을 거둔 그날 그의 병법서도 완성되었다. 훗날 기록에 따르면 손빈의 병법은 모두 89편에 그림 4권으로 이루어져 있다고 한다. 온전히 남아 있지는 않지만『손빈병법』은 역사상 가장 실전에 유용한 병법서이자 전쟁과 정치의 함수관계를 정확하게 인식한 최고의 병법서로 인정받고 있다.

명나라 말기에서 청나라 초기에 이르는 시기에는 손빈과 방연의 일대기를 각색한『손방투지연의(孫龐鬪志演義)』라는 역사소설이 널리 퍼져나갔다. 당나라 덕종 황제는 역사상 64명의 명장들을 사당에 모시고 제사를 올렸는데 그 가운데 손빈도 포함되어 있었다.

한편 지금도 견성현 동쪽 마을에 살고 있는 손빈의 후손들은 손빈이 세상을 떠난 음력 8월 18일에 제사를 올리고 있다. 대만을 비롯하여 세계 각지에 흩어져 있는 손빈의 후손들도 제사를 함께 올리는 행사를 거르지 않고 있다.

05 천고일제

千古一帝

**위대한 공적을 세웠으나
죽음은 예측하지 못하다**

진시황(秦始皇, 기원전 259~기원전 210)
진나라 황제

중국을 통일하고 진나라를 세운 최초의 황제 진시황은 전국 순시 중에 병으로 죽음에 이른다. 여름날 진시황의 시신은 마차 속에서 썩어가며 소금에 절여진 채로 성으로 돌아왔다. 죽음에 대해 극도로 집착한 황제의 비극적인 최후였다. 모든 권력을 다 가졌던 황제 진시황은 단 하나, 자신의 죽음에 대한 성찰의 기회를 가지지 못했고, 역사는 2천 년 넘게 그 죽음에 한껏 조롱을 퍼부어왔다. 절대권력 너머로 정작 자신의 삶을 다스릴 수 없었던 천고일제의 모습에서 마지막 마무리에 대한 교훈을 얻을 수 있다.

타국에서 태어나 황제의 자리에

진시황의 죽음에 관해서는 '삶에 대한 과도한 집착'이란 관점으로 분석할 수도 있다. 그런데 삶에 대한 집착은 죽음에 대한 집착과 상통한다. 죽음이라는 글자조차 입에 올리는 것을 극단적으로 꺼렸다는 사실은 진시황이 죽음에 얼마나 집착했는가를 역설적으로 입증한다.

이렇게 본다면 진시황의 말년은 생(生)과 사(死)와의 싸움이라 할 수 있다. 인간의 힘이나 의지로는 어찌 할 수 없는 생사 문제를 놓고 벌인 싸움이니 그 결과는 보나 마나 했다. 정말 진시황은 삶을 연장해 죽음을 피해갈 수 있다고 생각했을까? 생사라는 불가항력의 한계를 돌파할 수 있다고 믿었을까? 그래서 그렇게 불로장생을 가능케 한다는 신선과 약을 찾는 데 열을 올렸던 것일까?

진시황은 공부를 많이 한 제왕이었다. 『한비자』의 글을 읽고는 이 사람을 한 번만 볼 수 있다면 죽어도 여한이 없겠다고 할 정도로 글의 깊이를 제대로 감상할 줄 알았다. 더욱이 그는 지극히 합리적이고, 철저하게 현실적인 법가 사상을 국시(國是)로 수용하여 통일이란 대업을 성취했다. 이런 그가 말도 안 되는 미신에 그렇게 빠질 수 있을까? 또 방사(方士)들에게 어이없게 농락당할 수 있을까?

출생을 비롯한 그의 성장 과정과 39세 천하통일을 기점으로 한 그의 후반생을 가만히 들여다보면 통설과는 다른 인식을 가질 수도 있을 것이다.

진시황은 출생부터가 범상치 않았다. 전설 속 제왕들처럼 신이
한 현상을 보여서가 아니라 출생지가 진나라가 아닌 타국 조(趙)나
라였기 때문이다. 그의 법적 아버지가 되는 자초(子楚)가 인질로 조
나라 수도 한단(邯鄲)에 와 있다가 거상 여불위(呂不韋)를 만나 아내
를 얻어 진시황을 낳았다.(생부에 대해서는 2천 년 넘게 논쟁이 끊이지 않
고 있지만 나는 여불위를 생부로 보고 있다.)

진시황이 3세 때 아버지 자초는 여불위의 도움을 받아 진나라로
귀국하는 데 성공했다. 한단에 남겨진 진시황과 생모 조희(趙姬) 두
모자의 생계는 여불위가 챙겼다. 생모 조희는 여불위의 첩이었다가
자초에게 시집갔는데, 자초가 귀국한 뒤 여불위와 조희는 부적절한
관계를 가졌을 것으로 추정된다. 이는 훗날 진시황이 왕위에 오른
뒤 태후 조희가 여불위를 자신의 침소로 끌어들여 부정한 관계를 가
진 것으로 보아 충분히 가능한 추정이다.

진시황은 9세 때 여불위의 도움을 받아 아버지의 나라 진나라로
가까스로 탈출했다. 귀국 후 1년 뒤, 자초가 장양왕으로 즉위했고,
진시황은 태자가 되었다. 그런데 진시황이 13세 때 겨우 가족이 상
봉하여 가정을 꾸리려는데 아버지가 세상을 떠났다. 실권은 당연히
여불위에게로 넘어갔다.

진시황은 여불위를 상국(相國)으로 높이고 중보(仲父, 큰아버지)라
는 존칭으로 불러야만 했다. 국사는 태후와 대신들에게 위임했지만
실세는 여불위였다.

진시황의 무덤

중국 산서성 서안 여산 남쪽에 있다. 진시황은 황제 즉위 때부터 무덤 축조를 지시했다. 이 거대한 무덤은 죽음이라는 단어조차 입에 올리지 못하게 했던 진시황의 심리를 역설적으로 보여준다.

진시황 무덤 속 병마용갱

1974년에 발견된 병마용의 모습이다. 각각의 형상이 다르고 매우 사실적이어서 당시의 의복과 병사의 모습을 알 수 있는 귀중한 자료가 되고 있다.

젊은 과부 태후, 즉 진시황의 생모는 여불위를 침실로 끌어들였다. 부담을 느낀 여불위는 노애라는 건장한 사내를 환관으로 속여 태후의 침실로 보냈다. 태후와 노애 사이에서 아들이 둘이나 태어나자 두 사람은 진시황을 죽이고 나라를 찬탈할 음모를 꾸몄다. 진시황은 이 모든 과정을 숨죽여 지켜보았다.

22세 성인식을 치른 진시황은 직접 정치 일선에 나섰고, 때마침 반란을 일으킨 노애와 태후를 가차 없이 처단했다. 그들의 두 아들은 돌바닥에 패대기를 쳐 죽였고, 노애와 그 일당 20여 명은 목을 베어 조리를 돌렸다. 태후는 옹(雍)이라는 지방으로 유폐시키다시피 했다. 25세 때는 노애 반란의 책임을 물어 단 한 통의 편지로 여불위를 자살하게 만들었는데, 진시황이 보낸 편지의 내용은 다음과 같다.

"당신이 대체 진나라에 무슨 공을 세웠기에 진나라가 당신에게 하남 땅을 봉지로 주고 10만 호나 되는 식읍을 주었는가? 당신이 진나라와 무슨 혈연관계이기에 내가 큰아버지라 불러야 하는가? 당신 가족과 촉으로 옮겨가 살아라."

진시황은 생부의 존재를 철저하게 부정했다. 그는 여불위가 생부라는 것을 알고 있었을 것이다. 그래서 여불위와 진나라 왕실과의 관계를 부정하고 나아가 여불위의 가족을 거론한 것이 아니겠는가.

여불위를 제거한 진시황은 통일 전쟁에 박차를 가했고, 39세 때

마침내 천하를 통일했다. 하지만 이 과정은 순탄치 않았다. 33세 때 자객 형가(荊軻)가 진시황을 암살하려 했는데 이때 극독이 발린 형가의 비수가 살짝 몸에 닿기만 했어도 진시황은 목숨을 잃었을 것이다. 이 일은 진시황의 삶에 큰 상처를 남겼다.

42세 천하 순시 때는 장량(張良)이 고용한 창해역사(滄海力士)가 마차를 습격하는 아슬아슬한 저격 사건이 있었다. 창해역사의 철퇴는 진시황이 탄 마차를 비껴 다음 마차를 때렸고, 진시황은 또 한 번 위기를 넘겼다. 이보다 앞서 형가가 죽은 뒤 형가의 절친이었던 고점리가 진시황을 죽이려다 실패한 것까지 더하면 세 번째 암살 시도였다.

진시황이 사람을 믿지 못한 것은 어찌 보면 당연했다. 늘 혼자 있어야만 했던 유년기와 청소년기, 세 번의 암살 위기를 겪은 중년기, 일에만 몰두한 청장년기, 게다가 문제만 일으키는 생모의 존재. 극심한 신경증과 불안이 늘 진시황을 그림자처럼 따라다녔을 것이다.

죽음에서 벗어나지 못한 천고일제

통일을 이룬 뒤에도 자신의 제국을 점검하느라 대부분의 시간을 밖에서 보내면서 40세 이후 진시황의 건강에 이상 신호가 켜졌다. 자신의 존재가 곧 통일 제국 그 자체였던 진시황에게는 날벼락과 같은 일이었다. 진시황은 신선과 약물에 의존하며 약물 중독으로 인한 발작도 보였다. 분서갱유(焚書坑儒)는 그런 발작의 결과로 볼 수 있다. 누구도 믿을 수 없는 상황에서 몸에 이상이 생겼으니 진시황으로서는 참으로 견디기 힘들었을 것이다. 결국 진시황은 순시 중에 숨을 거두었고, 그의 시체는 마차 안에서 썩어가는 와중에 궁으로 돌아오게 된다.

훗날 역사상 단 하나밖에 없는 제왕이라는 뜻의 '천고일제(千古一帝)'라는 평을 들었던 진시황에게 말년은 39세부터 51세까지 불과 12년이었다. 그동안 그는 인간으로서는 극복할 수 없는 생사의 관문을 미신과 약물에 의존하며 뛰어넘으려 발버둥 쳤다.

진시황의 이런 기구한 생애에 주목하여 중국의 한 학자는 그가 평생 남에게 통제받아왔기 때문이라는 견해를 제시하기도 했다. 어릴 때는 철저히 여불위의 통제하에 있었고, 왕이 되어서는 여불위의 통제와 더불어 행실 나쁜 어머니의 무절제하고 방탕한 생활에 주눅 들었고, 여불위가 죽은 뒤에는 남은 여불위 측 정치 세력의 견제를 받았으며, 통일 이후 결국 조고와 이사에 의해 권력이 농단 당했다는 것이다.

삶에 대한 집착은 권력에 대한 집착보다 더 무섭다. 자신의 부재(不在)를 결코 받아들일 수 없기 때문에 생명의 연장과 관계된 것이 아니면 모든 것을 적대시하고 부정한다. 이러한 집착은 더없이 추하고 초라하다.

진시황의 초상화

지지 知止

공을 이루고 나면 용감하게 물러나라

장량(張良, ?~기원전 186)
한나라의 공신

장량은 4대를 내리 재상을 지낸 집안의 후손이다. 조국이 망한 뒤 그는 진시황 암살 계획을 세우고 통치 방략에 대해 깊이 공부하여 천하대세의 흐름을 읽고 유방의 참모로 큰 공을 세웠다. 그리고 식견과 지혜가 완숙해졌을 때 그는 정점에서 물러났다.

대부분의 사람은 이 경지에 오르지 못하고 번뇌에 시달리다 삶을 마감한다. 그 이유는 무수히 많겠지만 가장 큰 것은 역시 욕심이다. 무욕(無慾)의 경지는 언감생심이고, 욕망과 욕심 그리고 욕구를 줄이는 과욕(寡慾)만 실천해도 우리의 말년이 한결 덜 복잡할 것이다.

장량과 한신의 다른 운명

기원전 207년부터 5년여에 걸친 초한쟁패에서 극적으로 항우를 물리치고 한나라를 개국한 건달 출신의 황제 유방(劉邦)은 공신들과 함께 한 자리에서 자신의 승리와 항우의 실패 요인을 분석하였다. 당시 유방은 공신들의 의견을 두루 들은 다음, 자신의 승리 요인으로 장량과 소하(蕭何) 그리고 한신(韓信)이라는 걸출한 인재 셋을 기용했기 때문이라고 말해 '인재가 성패를 결정한다'는 논리에 방점을 찍었다. 이때 유방은 자신의 능력이 이 세 사람만 못하다는 '삼불여(三不如)'의 논리를 내세우며 이들의 역할과 능력을 크게 평가했고, 훗날 역사는 이들 세 인재를 '서한삼걸(西漢三杰)'이라고 칭송한다. 유방은 장량에 대해서 천 리 밖 장막 안에서 전략과 전술을 수립하여 승부를 결정짓는 능력은 모두 자방(子房, 장량의 자)의 공이라 했다. 훗날 유비(劉備)는 제갈량(諸葛亮)을 두고 '나의 자방'이라며 장량과 비교한 바 있는데, 유비 역시 장량의 탁월한 능력을 인정한 것이다.

한편 장량은 춘추시대 범려와 함께 최고의 공신으로, 부귀영화를 모두 뿌리치고 현명한 은퇴를 결행하여 말년을 유유자적 편하게 보낸 인물로도 이름을 남기고 있다. 한나라를 세우는 데 큰 공을 세운 그가 대체 무슨 까닭으로, 또 어떻게 권력과 부귀를 마다하고 물러날 수 있었을까?

장량의 삶은 격동기의 인재와 영웅들이 그러했듯이 파란만장했

留侯張子房

장량(오른쪽)과 창해역사

유방을 도와 한나라를 세운 공신 장량은 진시황에 의해 한나라가 멸망하자 복수를 계획했다. 창해역
사를 시켜 진시황 암살을 시도했으나 결국 실패로 끝났다.

다. 특히 그는 귀한 집안 출신이었다. 유방을 보좌했던 많은 공신들과는 출신과 격이 달랐다. 입이 험하고 지식인을 경멸했던 유방이 단 한 번도 장량의 충고나 직언을 무시하거나 물리친 적이 없다는 사실만 보아도 알 수 있다.

젊은 날 장량은 가산을 털어 자신의 조국 한(韓)나라를 멸망시킨 진시황에 대한 복수에 나섰다. 동생이 죽었는데도 장례도 제대로 치르지 않은 채 복수에 몰두했다. 그는 창해역사라는 암살자를 고용하여 순시 길목을 지키고 있다가 철퇴로 진시황이 탄 마차를 습격했다. 하지만 실패로 돌아갔다.

장량에게는 수배령이 내려졌고, 그는 강소성 하비(下邳) 지역에 숨어 지냈다. 도망자 신세는 고달팠지만 이 기간에 장량은 다리를 건너다 신비한 노인을 만나 『태공병법(太公兵法)』을 얻는다. 이 병법을 은나라를 멸망시키고 주나라를 건국하는 데 가장 큰 역할을 했던 강태공의 『육도(六韜)』로 보는 설도 있다. 이 노인과의 만남과 병법서는 장량의 삶에 큰 변화를 주었다. 장량은 병법서를 깊이 탐구했고, 그 결과 천하대세를 읽는 탁월한 안목을 갖게 되었다. 당시 병법서는 단순한 군사 이론서가 아니었다. 천하를 통치하는 방법과 리더십에 관한 내용을 두루 포괄하는 종합적인 통치 방략서였다. 장량은 병법서를 깊이 탐구하여 마침내 유방의 참모가 될 수 있었다.

'서한삼걸'과 많은 인재들의 도움으로 절대 열세였던 전세를 뒤집고 천하를 얻은 유방은 장량에게 제나라 땅 3만 호를 마음대로 고르게 하는 특전을 베풀었다. 지금의 산동성에 해당하는 제나라 땅은 좋은 땅이었다. 일찍이 초한쟁패의 와중에 한신은 이 지역을 평정한 다음 유방에게 자신을 제나라 왕으로 봉해달라고 요청한 바 있다. 유방은 벼락 같이 화를 냈지만 한신의 힘이 절실하던 터라 장량의 충고를 받아들여 그의 요구를 들어주었다. 이 때문에 유방은 한신에 대해 좋지 않은 감정을 품게 되었고, 결국 한신을 토사구팽(兎死狗烹)했다.

인생의 절정기에 욕심과 부귀를 버리다

———

장량은 엄청난 특전을 사양하면서도 권력자의 의심을 피하기 위해 척박한 유현(留縣) 땅 1만 호를 골랐다. 장량을 유후라 부르는 것도 여기서 유래했다. 장량은 속세를 떠나 전설 속 신선인 적송자(赤松子)처럼 살고 싶었다. 그래서 병을 핑계로 벼슬을 한사코 사양했으며, 두문불출 속세로 나오지 않았다. 장량이 조기 퇴진할 수 있었던 데는 자신의 의지가 가장 중요했지만 건강 상태도 한몫했다. 그는 평소 몸이 좋지 않아 늘 단식과 양생술(養生術)로 건강을 유지했다. 유방의 아내 여(呂) 태후가 그를 찾아가 음식을 섭취하라고 간곡하게 부탁할 정도였다. 그런데 섭생과 양생술 때문에 오히려 뜻하지 않게 장량은 여자 같은 피부를 유지했다고도 전한다. 사마천은 장량의 특별한 이력 때문에 그가 기골이 장대한 건장한 남자일 것으로 생각했는데 그의 사당에 걸린 초상화를 보고는 그가 곱상한 여자처럼 생겼다는 것을 알게 되었다고 했다.

장량은 미련을 버리고 은퇴할 때 '조진장궁(鳥盡藏弓), 토사구팽(兎死狗烹)', 즉 '날던 새가 잡히면 좋은 활은 감추고, 토끼를 잡으면 사냥개는 삶는다'는 춘추시대 범려의 일화를 들었다. 그렇게 장량은 인생의 절정기에 세속의 욕심과 부귀를 모두 버리고 은퇴했다.

하지만 속세는 그를 그냥 두지 않았다. 유방이 말년에 태자를 폐위시키고 자신이 총애하는 척(戚) 부인의 아들을 후계자로 삼으려는 망령을 부렸다. 하나뿐인 아들이 황제가 되기만을 갈망하며 힘든 세월을 견뎌왔던 여 태후에게는 날벼락이었다. 여 태후는 장량을 찾아와 애원했다. 장량은 당시 백성들의 존경을 한 몸에 받고 있던 '상산사호(商山四皓)'라는 네 명의 은자들로 하여금 태자를 보위하게 함으로써 유방의 생각을 단념시켰다. 유방은 자신이 모셔오려고 그렇게 애썼던 상산사호가 태자 곁에 있는 모습을 보고는 민심이 태자 편에 있다고 판단해 폐위를 포기했다. 한나라를 위기로 몰아넣을 수 있는 중대한 사건이었지만 그 위기를 장량이 해결한 것이다.

하지만 장량은 결코 앞에 나서지 않았다. 이 문제도 조용히 다른 사람을 시켜 해결했다. 그는 한 발짝 물러서 상황을 냉정하고 객관적으로 파악했고, 이런 입장을 시종일관 유지했기 때문에 정쟁에 휩쓸리지 않을 수 있었다.

장량은 통치자와 정치권력의 속성을 정확하게 간파하고 있었다.

그는 역사적 사례를 통해 배우고, 또 수양을 통해 이를 체화했다. 은퇴를 입버릇처럼 달고 다니면서 자신의 의지를 권력자에게 각인시켰다. 헛소리가 아니라는 것을 행동으로 옮겼고, 권력자와 주위 사람들은 그의 행동을 자연스럽게 받아들였다. 이것이 장량의 지혜였다. 중국 사람들은 장량을 '모성(謀聖)'으로 추앙하는데, '무엇인가를 꾀하고 계책을 내는 데 최고'라는 말이다. 하지만 '모(謀)'란 글자에는 '지혜'라는 뜻도 있다. 장량의 삶을 살펴보면 '지혜의 성인'으로 부르는 쪽이 한결 어울릴 것 같다.

섬서성 유파현(留壩縣) 깊은 골짜기에는 그의 삶을 압축해 놓은 듯한 그의 사당이 있다. 그곳에는 온통 장량의 현명한 퇴진에 관한 글씨와 찬양으로 가득 차 있다. '성공한 자리에는 머물지 말라'는 '성공불거(成功不居)'를 비롯하여, '공을 이루고 나면 용감하게 물러나라'는 '공성용퇴(功成勇退)' 또는 '공성신퇴(攻城身退)', 그리고 '멈출 줄 알아라'는 '지지(知止)' 등이 눈길을 끈다.

인생에 있어서 진퇴만큼 심각하고도 어려운 문제가 없을 것이다. 장량의 진퇴 결단은 평소의 공부와 수양으로 결정된다는 것을 잘 보여준다. 자기수양의 차원은 사람마다 다르겠지만, 준비만 잘하면 자기수양이라는 고차원의 처방이 없어도 적절한 시기에 물러날 수 있다.

바위에 새긴 '지지'

중국 섬서성 유파현에 있는 장량의 사당에 있다. '멈출 줄 안다'는 뜻의 이 말은 장량의 삶을 간결하게 압축하여 보여준다.

'영웅신선' 비석

민간에서는 장량이 죽지 않고 신선이 되었다고 한다.

07 | 선종
善終

태산에 올라
과거의 잘못을 뉘우치며 맹서하다

무제(武帝, 기원전 156~기원전 87)
한나라의 황제

무제는 부귀하게 태어났고, 술수 좋은 어머니 덕분에 적장자가 아님에도
태자가 되어 황제 자리에 올랐다. 그는 야심만만했고 국내외의 상황도 그
의 야심을 부추겼다. 중장년기의 무제는 세상에 두려울 것 없는 지존이었
고, 차츰 사치와 향락에 물들었지만 말년에 이르러 회한과 참회로 점철되
었다. 이 말년의 참회가 무제를 중국 역사상 가장 위대한 군주의 한 사람
으로 기록하게 했는지 모른다. 그는 자신의 잘못을 뉘우치고 한나라 황실
의 안위를 위해 후계 문제를 제대로 처리했다. 이 마지막 조치가 없었더라
면 한나라의 명운은 어찌 되었을지 아무도 장담할 수 없다.

중국 역사상 가장 찬란한 왕조를 열다

서한 왕조의 최고 전성기를 구가했던 무제는 이름이 유철(劉徹)이고, 제5대 황제이다. 16세에 지고무상한 황제 자리에 올라 70세까지 54년이라는 긴 시간 동안 자리를 지켰다. 그런데 무제의 일생은 흥미롭게도 화려했던 전반부, 실수와 후회 그리고 참회로 점철된 후반부로 뚜렷하게 갈린다. 특히 그의 말년은 오랫동안 자리를 지킨 최고 권력자의 회한(悔恨)을 잘 보여주고 있다.

한 무제는 비교적 어린 나이에 즉위했기 때문에 집권 초기 두(竇) 태후 등 외척 세력의 간섭을 받았다. 하지만 성년이 된 이후 부강한 국력과 안정된 정국을 계승하여 낡은 제도를 개혁하는 등 야심차게 제국을 이끌었다. 우선 국정 철학을 유가 사상으로 확정하여 강력한 중앙집권적 체제를 구축하고 안팎으로 전과는 다른 진취적인 정책을 내놓았다. 다양한 방법으로 인재들을 대거 기용하여 자신의 정책을 탄탄하게 뒷받침했다.

재상의 권한을 약화시키고 황실의 권한을 강화하였으며, 중앙을 강화하는 정책을 실시하여 지방 세력을 효과적으로 제어하였다. 야심찬 대내외 정책을 추진하는 데 따른 막대한 재정 확보를 위해 화폐 발행권을 중앙에 귀속시켰으며 생필품인 소금과 철에 대한 전매권도 확보했다. 물가 안정책도 가동해 상인들로부터 많은 세금을 징수하여 재정에 보탬이 되게 했다.

무제는 든든한 재정과 군사력을 바탕으로 지금까지 수세에 몰렸던 대북방 정책의 전환을 시도했다. 즉, 당시 서한의 가장 강력한 위협 세력이었던 흉노에 대한 대대적인 정벌에 나섰다. 이렇게 해서 북부 지역이 개발되었다. 또 장건(張騫)을 서역으로 보내 서역 지역의 상황을 파악하여 실크 로드를 개척했다. 남방으로는 민월(閩越)과 남월(南越)의 반란을 평정하고 서남 지역을 안정시켰다. 동북으로는 흉노와 동맹 가능성이 있었던 고조선을 선제공격하여 멸망시켰다. 이때가 기원전 108년이다. 무제는 당시로서는 가장 앞선 중앙 집권적 봉건제국을 완성하고 서한 왕조의 전성기를 이끌며 중국 역사상 가장 찬란한 시대를 여는 주인공이 되었다.

하지만 이 일대 영웅의 말년은 적지 않은 오점을 남겼다. 먼저 무제는 자신이 이룩한 업적에 도취하여 사치와 음탕한 생활에 젖어 들었다. 넓고 화려한 정원과 궁전을 조성하여 매일같이 술과 여자로 시간을 허비했다. 또 자신의 허영심을 충족시키기 위해 무리한 일들을 서슴지 않았다. 소문으로 떠도는 천마(天馬)를 구하기 위해 중앙아시아의 대완국(大宛國)을 공격하는 바람에 병력과 경제에 큰 손실을 초래했다. 또 당대 최고의 인재였던 역사가 사마천을 반역죄로 몰아 사형을 선고하여, 사마천으로 하여금 죽음보다 치욕스럽다는 궁형을 자청하게 만들기도 했다. 이 때문에 사마천은 자신의 역사서 『사기』를 통해 무제의 통치를 신랄하게 비판했다.

방탕한 생활을 즐기던 무제는 점점 미신에 집착하고 신선을 구

무제와 위청(왼쪽), 곽거병

한나라의 황제 무제는 강력한 중앙집권 체제를 구축하고 대외적으로 대대적인 흉노 정벌에 나섰다.
이때 무제를 도운 당대의 명장들이 위청과 곽거병이다.

해 불로장생이 가능한 약을 얻으려는 망상에 빠졌다. 불과 1세기 전 진시황이 저질렀던 과오를 그대로 반복한 것이다. 야바위꾼과 다름 없는 방사 나부랭이들이 이를 기회로 삼아 온갖 술수로 무제를 기만 하고 우롱했고, 무제의 심신은 더욱 더 약해져 갔다.

기원전 91년 어느 날, 무제는 누군가 검을 들고 자신을 죽이려 하는 꿈을 꾼 뒤 병으로 쓰러졌다. 무제는 누군가 자신을 저주하고 있기 때문이라고 믿고 측근인 강충(江充)에게 조사를 맡겼다. 교활한 소인배 강충은 이를 사사로운 원한을 갚는 기회로 이용했다. 이 때문에 수만 명이 살해당하는 참극이 벌어졌다. 죽은 사람들 중에는 승상 공손하(公孫賀) 부자, 무제의 딸 제읍공주(諸邑公主)와 양석공주(陽石公主), 위(衛) 황후의 조카 장평후(長平侯) 위원(衛元) 등 고위층 인사들이 대거 포함되어 있었다. 게다가 태자 유거(劉據)도 연루되었다.

강충은 일찍이 태자에게 잘못을 한 일이 있었다. 이 때문에 무제가 죽은 뒤 태자가 즉위하면 자신에게 보복할까 두려웠다. 그는 무제의 불안한 심리적 상태를 한껏 이용하여 선수를 치고 나섰다. 비밀리에 태자궁 인사들을 자기편으로 포섭하여 무제를 저주하는 글을 쓰게 하고 이를 증거로 삼았다.

놀란 태자는 무제의 명령을 사칭하여 강충을 처단하려고 했으나 무제가 이를 알고 군대를 동원하여 태자를 공격했다. 아버지와 아들 사이에 무력충돌이 벌어진 것이다. 태자의 자결로 일이 마무리되는 듯했지만 그게 끝이 아니었다. 태자의 3남 1녀와 처첩이 모두 살해당하고 수백 명이 비명에 죽어나갔다. 위 황후도 이런 상황을 견디지 못하고 자살했다. 이 사건을 '무고지화(巫蠱之禍)'라 한다. '미신과 무당의 짓거리로 인한 재앙'이란 뜻이다. 그때 무제의 나이 66세였다.

이듬해에는 승상 유굴리(劉屈氂)와 장군 이광리(李廣利)가 이와 유사한 사건에 연루되어 유굴리는 피살되고 이광리는 흉노에 투항했다. 처남이었던 이광리가 적군에게 투항한 일은 무제에게 큰 충격을 주었다. 이 일로 무제는 자신의 실수를 반성하고 태자의 죽음에 참회의 눈물을 흘리고 억울함을 풀어 주었다.

무제의 아름다운 마무리

———

기원전 89년 68세의 무제는 동쪽 태산에 올라 제사를 올리는 자리에서 과거의 잘못을 뉘우치며 맹서했다. 이후 무제는 농민들의 생활을 돌보고 방사들을 멀리했다. 누군가 보루를 다시 쌓고 군대를 증원하자고 건의했으나 무제는 과거 자신이 일으킨 전쟁으로 경제가 파탄나고 백성들의 삶이 피폐해진 것을 거론하며 이를 물리쳤다.

"관리들이 백성을 지나치게 착취하고 못살게 구는 것을 막고, 백성들이 농업생산 활동에 힘쓰도록 격려하고, 군비 지출을 엄격하게 통제하고 더 이상 대규모 전쟁을 일으켜서는 안 된다."

자신의 수명이 다한 것을 예감한 무제는 황실의 안정을 위해 후

무제의 무자비

무제는 미신과 명산에 제사를 올리는 것에 빠졌었다. 태산은 무제가 가장 집착했던 곳인데 그곳에 세
워진 무자비(無字碑)이다. 무제는 자신의 공적을 다 기록할 수 없다 하여 글자를 새기지 않은 비석을
세웠다고 한다.

계자 문제를 처리해놓기로 마음먹었다. 태자 유거는 억울하게 죽었고, 다른 두 아들은 불법을 저지르는 등 품행이 바르지 못했다. 총애하는 왕 부인과 이 부인의 아들들도 모두 일찍 죽었다. 무제는 어린 유불릉(劉弗陵)을 계승자로 낙점하고 곽광(霍光) 등에게 이 일을 맡겼다. 동시에 어린 유불릉이 즉위할 경우 과거 여 태후가 혜제를 무시하고 전권을 휘둘렀던 일이 재현되지 않을까 걱정되어 구실을 붙여 유불릉의 모친 조첩여(趙婕妤)를 죽였다.

기원전 87년 70세의 무제는 수도 장안(長安) 서남쪽 오작(五柞)에서 갑자기 쓰러졌다. 무제는 죽음을 직감하고 유불릉을 침소로 불렀다. 동시에 곽광을 대사마대장국(大司馬大將國)에, 김일제(金日磾)를 거기장군(車騎將軍)에, 상홍양(桑弘羊)을 어사대부(御史大夫)에 봉하여 유불릉을 보좌하도록 당부했다. 무제는 다음 날 세상을 떠났다. 8세의 어린 유불릉은 무제의 유지를 집행하는 고명대신(顧命大臣)들의 도움을 받아 순조롭게 즉위했다. 그가 바로 소제(昭帝)이다. 소제는 비교적 현명한 군주로 한나라의 중흥을 이끌었다.

시작이 나쁘더라도 끝이 좋은 '선종(善終)'으로 마무리한다면 세상이 지금보다는 한결 좋아지지 않을까.

08 | 家徒四壁 가도사벽

가진 것이 없어도
여유롭게 책과 문장을 즐기다

사마상여(司馬相如, 기원전 179~기원전 117)
한나라의 문장가

사마상여는 낙천적 인생관으로 공부를 즐겼다. 심각하지 않았지만 천박하지도 않았으며 과장과 호화스러운 표현이 들어갔지만 절제할 줄 알았다. 그는 사랑하는 사람과 도피를 할 정도로 낭만을 알았고 가난도 즐길 줄 알았다. 가산을 처분해 술장사를 할 때 사마상여는 머슴들과 함께 허드렛일을 하고 손수 술잔을 닦았다. 진정한 풍류란 이런 것이다. 삶을 원망하지 않고 그 삶 자체를 즐기는 것. 또한 그의 말년이 풍요로울 수 있었던 데는 당시의 시대 분위기도 한몫했다. 무제는 허영심이 많고 잔인한 면모도 보였지만 역사상 누구보다 인재를 아끼고 문화를 보호했던 제왕이었다.

문무를 겸비한 문장가

———

서한 왕조의 전성기를 구가한 무제(武帝) 때 두 명의 뛰어난 문장가가 등장했다. 『사기』로 중국 역사상 최초의 본격적인 역사서를 남긴 사마천(司馬遷)과 산문의 한 형식인 부(賦)를 잘 지었던 사마상여(司馬相如)가 그 주인공들이다. 이 '양사마(兩司馬)' 중 사마상여가 사마천보다 30년 정도 연상이었고, 세상을 뜬 것도 20년 정도 앞섰다. 사마천은 기원전 145년에 태어나 기원전 90년 무렵 세상을 떠난 것으로 추정하고 있고, 사마상여는 기원전 179년에 태어나 기원전 117년에 세상을 떠난 것으로 본다.

사마천은 『사기』 권117에 사마상여에 관한 단독 전기를 마련했는데, 사마상여의 문장이 여러 편 수록되어 있다. 그만큼 사마상여의 문장을 높이 평가한 것이다. 이 전기에는 젊은 날 사마상여의 애정 이야기까지 소개되어 2천 년 넘게 많은 논란을 불러일으키기도 했다. 사마상여의 연애와 도주를 둘러싼 논쟁은 주로 그에 대한 윤리·도덕적 평가가 대부분이다. 즉, 사마상여가 부잣집 딸을 꼬드겨 출세의 발판으로 삼기 위해 일부러 그런 장면을 연출했냐 하는 것이었다. 이런 평가는 고리타분하고 위선적인 유교적 가치관으로 재단하려는 경향에서 비롯된 것으로 참고할 만한 가치가 없다.

『사마상여열전』에 따르면 사마상여는 어려서부터 책 읽기를 좋아하고 검과 격투기를 배웠다고 한다. 부모는 이런 상여를 '견자(犬

子)'라 부르며 귀여워하였다. '견자'란 말 그대로 '강아지'란 뜻이다. 과거 우리도 어린아이를 '개똥이' 따위의 별명으로 불렀는데 천한 이름이 오래 산다는 속설 때문이었다. 중국 농촌에서는 지금도 아이를 '고양이'나 '강아지'로 부르는 습속이 남아 있다. 기록상으로만 보면 원조는 사마상여가 아닐까 싶다. 사마상여는 어린 시절부터 공부와 무예를 좋아해 문무를 겸비한 준수한 청년으로 성장했다. 사마천은 그를 풍채가 좋은 사람이었다고 기록했다.

어느 정도 공부를 마친 사마상여는 자신의 이름을 스스로 '상여'로 바꾸었다. 그 이유는 전국시대 말기 조(趙)나라의 유명한 외교관이자 유세가인 인상여(藺相如)의 인품을 흠모해서라고 보인다. 사마상여가 "말이 어눌했다"는 기록으로 보아 언변술이 뛰어나고 인품이 훌륭한 인상여를 따르고 싶었던 것이 아닐까. 여기서 '인상여를 사모하다'는 '모인상여(慕藺相如)'라는 고사성어가 나왔다.

당시 조나라는 막강한 진나라의 압박에 시달리고 있었다. 인상여는 조나라의 사신으로 진나라에 가서 당당하게 맞섰고, 진나라가 빼앗으려던 귀중한 벽옥을 무사히 지켜내는 등 외교적으로 큰 공을 세웠다. 여기서 '완벽귀조(完璧歸趙)'라는 유명한 고사성어가 나왔다. 또 무장 염파(廉頗)와는 목숨을 내놓아도 아깝지 않은 우정을 나누어 '문경지교(刎頸之交)'라는 미담을 후대에 전한 인물이다.

이후 사마상여는 적지 않은 돈을 들여 예비 관료직인 낭(郎)이 되었으나 오래 붙어 있지 못하고 유세객을 따라 제후국 양(梁)나라 등 여러 지역을 떠돌았다. 학문과 학자를 우대한 양나라 효왕(孝王)은 사마상여가 학자들과 같은 집에 머물 수 있게 했고, 그 덕에 사마상여는 몇 년을 학자·유세객들과 함께 지내며 대표적인 문장 「자허부(子虛賦)」를 지었다.

낭만과 풍류를 즐기다

효왕이 죽자 사마상여는 고향인 사천성 성도(成都)로 돌아왔다. 성도 부근 임공(臨邛)의 현령 왕길(王吉)은 사마상여를 잘 보아 그를 공경하고 깍듯이 대했다. 하지만 사마상여는 왕길을 귀찮아했다.

그 무렵 임공의 최고 부자인 탁왕손(卓王孫)과 정정(程鄭)이 큰 연회를 베풀어 왕길을 초대하자 그는 사람을 보내 사마상여를 초대했다. 사마상여가 거절하자 왕길은 연회 음식에는 손도 대지 않고 직접 사마상여를 찾아갔고, 그는 마지못해 연회에 참석했다. 분위기가 무르익자 왕길은 사마상여에게 거문고 연주를 청했다. 극구 사양했지만 강권에 못 이겨 두 곡 정도를 연주했다.

한편 탁왕손에게는 젊어서 과부가 된 탁문군(卓文君)이라는 딸이 있었는데, 그녀가 사마상여를 몰래 지켜보다가 마음을 빼앗겼다. 사마상여 역시 탁문군을 보고 현령과의 관계를 짐짓 과시하며 거문고 연주로 그녀의 마음을 사로잡으려 했는데, 공교롭게 두 사람의 마음

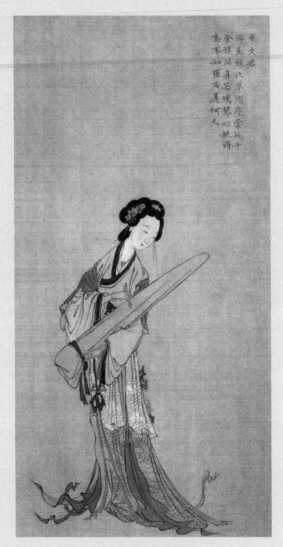

탁문군의 초상화

사마상여가 첫눈에 반한 여인으로, 시와 문장, 거문고에 능했다. 부유한 집안에서 태어났으나 가난한
사마상여와의 야반도주 이후 술장사를 하는 등 어려움을 겪었다.

사마상여와 탁문군의 '야반도주'를 묘사한 조각

사마상여와 탁문군이 술 장사를 위해 팠던 우물 '문군정'

이 통한 것이다. 두 사람은 그날 밤 야반도주를 했다.

어이없는 애정 도피 행각에 화가 난 탁왕손은 단 한 푼도 줄 수 없다며 딸을 저주했다. '가도사벽(家徒四壁)', 즉 '집이라 해봐야 네 벽밖에 없던' 사마상여인지라 탁문군은 이를 견디지 못하고 말과 수레 따위를 처분해 임공에서 술장사를 시작했다. 그 뒤 화가 어느 정도 풀린 탁왕손은 집안 사람들의 설득으로 딸에게 재산을 나누어주었고, 두 사람은 고생을 뒤로하고 부유한 삶을 누릴 수 있게 되었다.

이 무렵 「자허부」에 매료된 무제가 사마상여를 불러들여 마침내 벼슬을 얻게 되었다. 하지만 관직은 사마상여의 천성에 맞지 않았다. 그는 평소 앓고 있던 소갈증(갈증이 심한 증세의 병으로 당뇨병과 관계가 있다고 한다.)을 핑계로 나랏일에는 관여하지 않고 한가하게 지냈다. 천자를 수행해 사냥을 다니기도 했으며 지나치게 사냥에 열중하는 황제에게 충고의 글을 올리기도 했다.

사마상여는 여유로운 삶을 즐기다 나이가 들어 세상을 떠났다. 평소 사마상여의 문장을 아끼고 좋아한 무제는 사마상여가 병들자 소충(所忠)을 보내 그의 책을 모두 가져오게 했다. 행여 그의 글과 책이 분실되거나 흩어질 것을 걱정했기 때문이다. 소충이 서둘러 그의 집을 찾았으나 책은 없었다. 사마상여의 아내 탁문군은 그가 글을 지으면 사람들이 가져가는 통에 집에 책이 남지 않았다면서 책 한 권을 내밀었다. 사마상여가 죽기 전에 쓴 것으로 궁에서 사신이 오면 주라고 했다는 것이다.

생전에 사마상여는 벼슬을 원했지만 정작 벼슬살이는 그의 성품에 어울리지 않았다. 지병을 핑계로 실제 직무에는 간여치 않고 글을 짓거나 악기를 연주하며 살았다. 때로 뛰어난 문장 실력으로 무제의 정치를 풍자하고 충고하기도 했지만 정색을 하고 뛰어들지는 않았다. 또 공부를 좋아하긴 했지만 매달리지 않았고, 책을 좋아하긴 했지만 집착하지 않았다. 이런 태도는 마치 진사익(陳四益, 천쓰이)이 '죽도록 책만 읽지(死讀書)' 말고, '죽은 책을 읽지(讀死書)' 말 것이며, '책 읽다가 죽지(讀書死)' 말라고 충고한 대목을 떠올리게 한다. 또 누구든 자기 책을 원하면 흔쾌히 주었다. 그런 점에서 사마상여는 책을 좋아하는 여타 독서인과 확연히 구분된다. 하지만 어쩌면 그런 성품이 그의 문장을 세상에 널리 알리게 하는 계기로 작용하지는 않았을까?

09 | 마상치지
馬上治之

말 위에서 천하를 얻었으나
말 위에서 천하를 다스릴 수는 없다

육고(陸賈, 기원전 240~기원전 170)
장창(張蒼, 기원전 256~기원전 152)

한나라 초기 육고는 살벌한 정치판에서 나와 가무단과 마차를 타고 자식의 집을 옮겨 다니며 말년을 보냈다. 통치자들로부터 환대를 받는 유쾌한 인물이었지만 재물과 권력을 탐하지 않고 그것을 여러 사람들과 나누어 큰 명성을 얻기도 했다.

장창은 초한쟁패라는 격동기에 다양한 경력을 거치면서 재상까지 지냈다. 평생 100명이 넘는 처첩을 거느렸는데 임신하여 아이를 낳으면 가까이하지 않았다고 한다. 축첩이 허용되던 시대라고는 해도 독특한 삶을 산 인물이 아닐 수 없다.

유방에게 직언하다

───

중국 역사에는 말년을 아주 독특하게 보낸 두 인물이 있다. 바로 육고와 장창이다. 이들은 2천여 년 전 사람들이라고는 믿기지 않을 정도로 흥미로운 삶을 살았다.

두 사람 모두 한나라 초기에 활동했는데, 육고가 약 기원전 240년에 태어나 기원전 170년에 세상을 떠난 것으로 되어 있다. 70세가 넘게 살았으니 장수했다. 장창은 기원전 256년에 태어나 기원전 152년에 세상을 떠났다고 전하는데, 이게 사실이라면 우리 나이로 무려 105살까지 산 셈이니 당시로서는 지극히 드물게 장수한 인물이다.

육고는 초나라 출신으로 초한쟁패 때 유방을 따랐는데 말솜씨가 좋아 여기저기 사신으로 파견되어 상당한 공을 세웠다. 한나라가 건국된 뒤로는 나라의 문물과 제도를 정비하는 데 적지 않은 역할을 했고, 고조 유방이 죽은 뒤 권력을 좌지우지하던 여 태후 일족을 몰아내는 데도 큰 역할을 해냈다.

육고는 학문도 상당했다. 그래서인지 황제에게 올릴 말이 있으면 늘 유가의 경전인 『시경(詩經)』, 『상서(尙書)』 구절을 인용하여 황제를 머쓱하게 만들었다. 특히 많이 배우지 못한 유방은 이런 육고의 말이 잔소리로 들렸다. 그래서 하루는 육고에게 욕을 하면서 소리쳤다.

"나는 말 위에서 천하를 얻었다.『시경』이니『상서』니 따위가 무슨 소용이란 말인가?"

여기서 '말 위에서 천하를 얻는다'는 '마상득지(馬上得之)'라는 고사성어가 나왔다. 평소 유방의 성격을 잘 아는 육고는 전혀 당황하지 않고 이렇게 반박했다.

"폐하께서 말 위에서 천하를 얻으셨는지는 몰라도 말 위에서 천하를 다스릴 수는 없지 않습니까? 그 옛날 은(殷)의 탕왕(湯王)과 주(周)의 무왕(武王)은 천자를 내쫓고 천하를 얻었지만 민심에 따라 나라를 지켰습니다. 이렇게 문무를 함께 사용하는 것이 국가를 영원히 보존하는 방법입니다. 옛날 오왕 부차와 진(晉)의 지백(智伯)은 무력을 지나치게 사용하다 나라를 잃었으며, 진(秦)은 가혹한 형벌만 믿고 변화하지 못하다가 역시 멸망했습니다. 당시 진이 천하를 통일한 뒤 어진 정치를 펼치고 옛 성인을 본받았다면 지금 폐하께서 어떻게 천하를 차지할 수 있었겠습니까?"

'말 위에서 천하를 다스리다'는 '마상치지(馬上治之)'는 유방의 '마상득지'에 맞선 유명한 고사성어가 되었다. 유방은 마음이 편치 않았지만 부끄러운 기색을 보이며 육고에게 말했다.

"그렇다면 시험 삼아 진이 천하를 잃은 까닭과 내가 천하를 얻은 까닭이 무엇인지, 그리고 옛날 성공하거나 실패한 나라의 역사적 사실을 기록해 보시오."

이에 육고는 국가 존망의 징조들에 대해 약술하여 모두 12편의

『신어(新語)』라는 책을 지었다. 매 편을 완성하여 유방에게 올릴 때마다 유방은 칭찬을 아끼지 않았고, 좌우 사람들은 모두 만세를 부르며 환호성을 울렸다.

육고는 쾌활하고 재미있는 성격의 소유자였다. 그가 여러 나라를 돌면서 최고 통치자들을 설득하고 그들로부터 환대를 받았던 것도 이런 성격과 무관하지 않았다.

나이가 점점 들자 육고는 과거 남월(南越)에 사신으로 갔다가 선물로 받은 패물들을 팔아 천금을 장만했다. 육고에게는 아들이 다섯 있었는데 육고는 이 천금을 다섯 아들에게 각각 200금씩 나누어주어 자식들의 생업을 돌보았다. 그리고 자신은 네 마리 말들이 이끄는 화려한 수레에 가무단 10명을 태우고 다니면서 아들들 집을 돌아가며 방문했다. 그러면서 육고는 자식들에게 이렇게 약속했다고 한다.

"내가 너희들 집을 방문하면 내 가무단과 말에게 술과 먹이를 대접해라. 이렇게 열흘쯤 실컷 놀고 즐기다가 다른 아들 집으로 갈 것이다. 내가 마지막에 죽는 아들 집에다 보검이며 수레며 말이며 시종들을 다 물려줄 것이다. 1년 중 다른 곳에 머무르는 것을 제외하면 대충 두세 번 정도 너희들 집을 찾지 않을까 싶다. 자주 보면 싫증 날 테니 오래 묵어서 너희들을 귀찮게 하지 않으마."

육고가 이런 말년을 보낸 것은 단순히 성격 때문만은 아니었다. 당시는 여 태후와 그 일족의 기세가 등등하여 개국 공신들과 일촉

즉발의 위기감이 조성되고 있던 정국이었다. 육고는 자신에 대한 여태후의 경계심을 잘 알고 있는 터라 이런 생활방식으로 그 경계를 피했던 것이다. 고도의 경각심을 유쾌한 방식으로 치환한 육고의 정치적 감각과 처세술이 돋보인다.

육고는 진평에게 여씨 세력을 견제할 수 있는 묘수를 일러주어, 진평과 다른 공신들이 여씨 세력을 제거하는 데 큰 역할을 했다. 이에 대한 고마움으로 진평에게서 받은 노비, 수레, 말, 돈 500만 전 등을 육고는 다른 사람과 교제하는 데 다 써 버렸다. 이로써 육고의 명성은 더욱 자자해졌다. 한때 얻은 권력과 명성을 마지막까지 놓지 못하고 매달리는 우리 사회의 노추(老醜)들은 육고의 말년을 배워야 할 것이다.

미남자 장창의 독특한 말년

———

장창의 삶은 육고와는 또 다른 모습이다. 장창 역시 유방을 따라 다니면서 이런저런 공을 적지 않게 세운 공신이었다. 특히 한나라 초기 곳곳에서 반란이 일어날 때 고조를 수행해서 직접 반란군을 공격하여 무찌르는 데 공을 세워 여러 요직을 거쳤다. 젊은 날 장창에 관해서는 아주 이색적인 일화가 전한다. 장창이 초한쟁패의 와중에 유방에게 죄를 지어 사형을 받게 되었다. 옷을 벗기고 형틀에 엎어 놓

육고의 초상화

한나라를 세운 유방을 도와 큰 공을 세운 인물로 학문에도 뛰어났다. 유방이 '말 위에서 천하를 얻었다'고 하자 '말 위에서 세상을 다스릴 수는 없다'는 '마상치지(馬上治之)'라는 유명한 말을 남겼다. 그는 가무단과 아들들의 집을 방문하는 등 독특하고 유쾌한 말년을 보냈다.

았는데 장창의 살결이 박속처럼 하얗다. 이를 기이하게 여긴 왕릉(王陵)이 자세히 보니 풍채도 좋고 잘생긴 것이 장차 무슨 일이든 할 것 같아 유방에게 간청하여 그를 살려주게 했다는 것이다. 장창은 피부도 곱고 키가 8척(180~190센티미터)이나 되는 잘생긴 미남이었는데 그의 아버지는 5척 단신이었다고 전한다.

장창은 의리가 있는 인물이기도 했다. 일찍이 목숨을 구해준 왕릉의 은혜를 갚기 위해 높은 관직에 오른 뒤로는 왕릉을 아버지처럼 모셨고, 왕릉이 죽은 뒤에는 5일마다 찾아오는 하루 휴가 때면 왕릉의 부인을 찾아가 맛있는 음식을 올린 다음 집으로 갔다.

장창은 음악, 역법, 옛 서적 등에 정통했을 뿐만 아니라 재정, 통계, 산술(算術)에도 조예가 깊어 『구장산술(九章算術)』이라는 고대 수학서를 교정했다. 또 신체의 일부에 상처를 내거나 자르는 육형(肉刑)의 폐지를 주장하여 백성의 인권을 보호하기도 했다. 문하의 제자로는 한나라 초기의 천재 정치가이자 학자인 가의(賈誼)가 있다.

장창은 여러 벼슬을 지냈는데 그중 계상(計相)과 주계(主計)가 있다. 계상은 산술과 재정 그리고 통계 등 경제 부문에서 조예가 깊었던 장창을 염두에 두고 만든 벼슬로 추정된다. 그래서 '계상'은 훗날 나라 살림을 비롯하여 나라 경제를 책임진 사람을 가리키는 단어로 정착했다. 물론 그 안에는 경제와 나라 살림을 잘 꾸린 재상이란 뜻도 내포되어 있다. 장창은 문제 때 재상까지 지내면서 '문경지치(文景之治)'라는 한나라 전성기의 기초를 닦았다고 할 수 있다.

나이가 들자 장창은 은퇴하여 집으로 돌아왔다. 이 무렵 장창은 이가 다 빠져 음식을 전혀 먹지 못할 정도였다. 그래서 젊은 여자의 젖으로 연명하게 되었는데, 여러 여자들을 유모로 삼아서 죽을 때까지 젖으로 연명했으니 다시 아기로 돌아간 셈이었다.

10 | 애국충절

愛國忠節

너 같은 매국노는
반드시 죽여 없앨 것이다

소무(蘇武, 기원전 140~기원전 60)
한나라의 신하

흉노에 사신으로 갔다가 억류되어 약 20년 만에 조국으로 돌아온 소무는
황제를 비롯하여 온 백성의 열렬한 환영을 받았다. 하지만 명성에 우쭐하
거나 안주하지 않았고 벼슬과 재물에도 초연했다. 그래서 소무는 2천 년
넘게 지조와 절개의 대명사로 불리고 있다.

갖은 구차한 변명을 늘어놓으며 자신의 뜻을 식은 죽 먹듯 바꾸는 우리 시
대 수많은 변절자들에게 동토의 땅에서 추위와 굶주림 그리고 고독과 싸
우는 소무의 모습은 큰 교훈을 준다.

추위와 배고픔에도 지조를 지키다

———

서한 시대 한나라의 가장 강력한 라이벌이었던 흉노에 사신으로 갔다가 19년 만에 극적으로 귀환한 애국충절의 대명사 소무는 경조(京兆) 두릉(杜陵, 지금의 섬서성 서안) 출신이다. 자는 자경(子卿)이다. 흉노 정벌에 공을 세운 소건(蘇建)의 둘째 아들로 무제 때 예비 관료직인 낭이 되어 조정에 들어와 여러 벼슬을 거쳤다.

기원전 101년, 서한의 강력한 위협 세력인 흉노에서 차제후(且鞮侯)가 최고 지도자인 선우(單于)로 즉위했다. 차제후 선우는 서한과 화친하겠다는 표시로 지난날 억류했던 중국 사절들을 모두 서한의 도성 장안으로 돌려보냈다. 이듬해 서한과 흉노가 우호관계를 회복하자 서한도 흉노의 성의에 화답하는 의미로 정사(正使) 소무와 부사(副使) 장승(張勝)을 흉노로 보냈다.

그러나 정작 한나라 사신을 맞이한 선우는 무슨 이유에서인지 태도를 바꾸어 사신 일행을 냉대하고 심지어 일행을 억류시키려 했다. 그러자 부사 장승이 흉노에 투항한 한족 몇몇과 선우가 사냥나간 틈을 타서 흉노의 핵심 참모를 죽인 다음 선우의 어머니를 위협하고 납치해서 한나라로 돌아가는 음모를 몰래 꾸몄다. 그런데 음모가 사전에 발각되며 한바탕 피바람이 불었고, 장승은 흉노에 투항했지만 소무는 거부했다.

흉노는 소무를 얼음과 눈으로 뒤덮인 북해(北海, 바이칼 호)로 보냈다. 북해로 추방된 소무는 그곳에서 양을 치면서 19년을 버텼다. 선우의 소무에 대한 회유와 협박은 계속되었다. 소무는 전혀 흔들리지 않았다. 그는 나라와 민족에 대한 열성적인 마음을 품고 강하고 격양된 어조로 말했다.

"내가 흉노 사절로 온 것은 한나라와 흉노의 화해를 위한 것이다. 굴욕을 당하고 어떻게 다시 한나라로 돌아갈 수 있겠는가?"

그런 다음 자살하려고 칼을 빼자 그 자리에 있던 사람이 얼른 소무를 막고 칼을 빼앗았다. 그러나 소무는 이미 중심을 잃고 많은 피를 흘리며 쓰러졌다. 흉노의 대신은 황급히 의사를 불러 그를 치료했다.

선우는 소무의 이러한 강직함에 존경하는 마음을 품었다. 그래서 자신을 위해 소무가 투항하길 갈망했다. 선우는 아침저녁으로 소무에게 사람을 보내 문안 인사를 드리는 등 큰 호의를 베풀며 그의 마음을 녹이려 했다.

급기야 선우는 위율을 보내 투항을 권했다. 위율은 원래 한나라의 사절이었는데 후에 흉노에 투항하여 흉노를 위해 일하고 있었다. 위율은 소무를 만난 다음 소무에게는 협박이 통하지 않는다는 것을 알았다. 위율은 웃으며 회유했다.

"소무 선생, 제가 보기에는 아무리 그래도 투항하는 것이 좋을 것 같습니다. 저는 흉노 선우에게 투항한 다음 왕으로 봉해졌습니다. 저는 많은 부하를 거느리고 엄청난 부귀를 누리고 있습니다. 당신도 투항하면 바로 저와 같은 대접을 받을 것입니다. 거부한다면 헛되게 이곳에서 삶을 마감하여 황무지에 묻히고 말 것입니다. 지금 한나라 황제의 힘은 이 먼 곳까지 미치지 못하고, 또 당신의 일편단심을 이해하는 사람은 아무도 없습니다."

소무는 위율의 말이 끝나기도 전에 벼락같이 화를 내며 호통쳤다.

"네 놈은 원래 한나라 신하로서 흉노에 투항한 낯짝 두껍고 염치 없는 놈이다! 너 같은 놈을 나는 보고 싶지 않다. 훗날 내가 흉노를 평정할 기회가 있다면 너 같은 매국노는 반드시 죽여 없앨 것이다!"

선우는 위율의 권고조차 효과가 없자 더 강경한 방법을 동원했다. 소무에게 음식을 주지 않고 굶기는 것이었다. 소무는 굶주림과 추위에 떨어야 했고, 물조차 없어 눈을 먹으며 견뎠다. 며칠이 지나도 전혀 동요하지 않는 소무의 초인적 인내심에 선우는 감탄했다.

북해는 사시사철 눈이 녹지 않고 사람이 보이지 않는 황막한 곳이었고 심지어 새조차도 보기 힘들었다. 소무는 배가 고프면 들쥐 구멍을 파서 그 안에 있는 풀씨로 배를 채웠다. 매일 양을 몰면서 무제가 내린 정절(旌節, 깃발을 단 지팡이로 황제의 사신임을 나타낸다.)을 쓰다듬었는데 긴긴 세월 동안 하도 쓰다듬어 정절의 털이 다 빠지고 대만 남았다. 그래도 소무는 대만 남은 정절을 끌어안고 고통스럽게 기나긴 세월을 보냈다. 당시 흉노가 끈질기게 투항을 권유하자 수컷 양이 새끼를 낳으면 투항하겠다고 응수한 적도 있었다.

소무는 끝까지 투항을 거부했다. 그러자 흉노는 그가 죽었다고 선전했다. 또 흉노와의 전투에서 패하여 항복한 이릉(李陵)도 설득했으나 역시 소용없었다.

당시 이릉은 흉노 원정군 사령관이었던 이광리(李廣利)가 구원병을 제때 보내 주지 않아 5천 결사대로 8만의 흉노군과 사투를 벌인 끝에 전멸할 위기에 놓이자 결국 항복했다. 그런데 한 무제가 이릉이 흉노 군대를 훈련시키고 있다는 헛소문만 믿고 이릉의 노모와 가족을 몰살시키는 만행을 저질렀다. 이 때문에 이릉은 한나라 조정과 무제에 원한을 품은 채 흉노에 투항했다. 흉노는 이런 이릉을 이용하여 소무를 투항시키려 한 것이다. 하지만 소무의 의지는 무엇으로도 꺾을 수 없었다. 흉노는 결국 설득을 포기했다.

그렇게 20년 가까이를 소무는 추운 바이칼 동토에서 고독과 조국에 대한 향수를 벗 삼아 보냈다. 그의 머리카락은 전부 백발로 변했고, 뼈만 남을 정도로 야위었다. 하지만 그의 지조는 더욱 굳어졌다. 그를 지탱시켜주는 것은 조국과 가족에 대한 그리움뿐이었다.

기원전 87년 흉노에 대해 강경 노선을 고집하던 무제가 죽고 어린 소제가 즉위했다. 대신들은 어린 황제의 통치 기반을 튼튼히 하기 위해 대외정책에 변화를 주기로 했다. 기원전 81년, 소무의 나이 60세가 되던 해 한나라 조정은 흉노와의 외교관계를 다시 회복했다. 이어 한나라 조정은 20년 전 흉노에 파견했던 사절 소무가 아직도 살아 있다는 놀라운 소식을 듣게 되었다. 한나라는 흉노에게 일찍이 황제가 활로 기러기 한 마리를 쏘았는데 기러기발에 소무를 구해달라는

당나라 때 시인 이백이 지은 소무와 이릉의 이별을 노래한 시

인생조로(人生朝露)

소무재흉노(蘇武在匈奴) 십년지한절(十年持漢節)
백안비상림(白雁飛上林) 공전일서찰(空傳一書札)
목양변지고(牧羊邊地苦) 낙일귀심절(落日歸心絶)
갈음월굴수(渴飮月窟水) 기찬천상설(飢餐天上雪)
동환사새원(東還沙塞遠) 북창하량별(北愴河梁別)
읍파이릉의(泣把李陵誼) 상간누성혈(相磵漏成血)

소무는 흉노에게 가서 십구 년이나 한나라 절개를 지켰다.
흰 기러기 상림원에 날아 빈 하늘에 소식 한 장 전했다.
양치는 오랑캐 땅의 괴로움은 해 저물면 고향 생각 더욱 간절해
목마르면 월굴(月窟)의 얼음을 마시고 허기지면 하늘의 눈을 먹었다.
떠나갈 동녘은 자갈사막 막막한데 북녘 다리에서 헤어짐이 슬프구나
울면서 이릉의 옷을 잡고 서로 보면서 흐르는 눈물 피 되어 떨어진다.

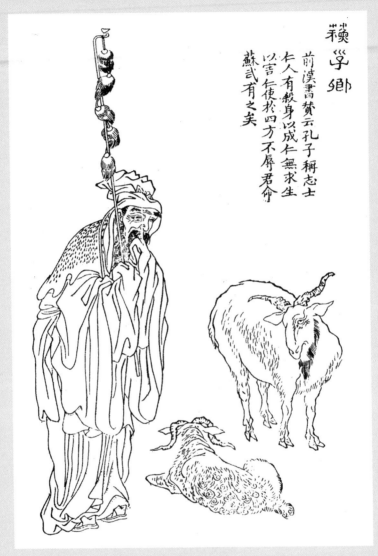

羲皇鄉

前漢書贊云孔子稱志士
仁人有殺身以成仁無求生
以害仁使於四方不辱君命
蘇武有之矣

소무의 초상화

무제가 사신을 상징하는 의미로 내린 정절(旌節)을 들고 있다. 소무는 북해에서 억류되어 있을 때 흉노의 회유에도 끝까지 투항을 거부하며 항상 정절을 끌어안고 긴 세월을 보냈다. 소무의 초상화에는 정절이 빠짐없이 등장한다.

편지가 묶여 있었다며 소무가 살아 있다면 풀어줄 것을 요청했다. 흉노는 소무를 석방하여 돌려보냈다. 살아 있던 다른 사신들을 포함해 모두 아홉 명이 조국으로 돌아왔다. 사신으로 떠날 당시 40세 정도였던 소무가 고국으로 돌아왔을 때는 60세가 넘어 있었다.

지조와 절개의 대명사

기원전 81년 봄, 소무가 20년 만에 수도 장안으로 돌아오자 소제는 몸소 그를 위해 소와 양의 제사 품목을 준비하고 한 무제의 영전에 제사를 올리게 하였다. 소무는 제를 올린 후 대만 남은 정절을 무제의 영전에 바쳤다. 문무대신과 장안의 모든 백성들은 그를 뜨겁게 환영했다. 사람들은 백발에 뼈만 앙상하게 남은 그를 보자 그간 그가 겪은 고생을 떠올리며 눈물을 흘렸다. 소무는 수많은 환영인파 속에서 지나간 세월의 무상함을 느꼈다. 순간 그의 눈에서 굵은 눈물이 한없이 흘러 내렸다.

천신만고 끝에 돌아왔지만 아내는 일찌감치 재혼했고 식구들도 뿔뿔이 흩어진 뒤였다. 조정에서는 그에게 전속국(典屬國)이란 벼슬을 내렸다. 이제 소무는 나라의 보살핌을 받으며 비교적 편안하게 보낼 것 같았다. 하지만 뜻밖의 정치적 사건이 그의 말년을 엉뚱한 방향으로 몰고 갔다.

한나라 벽돌 그림에 묘사된 소무(위 왼쪽, 아래 가운데)

기원전 80년, 그가 조국으로 돌아온 바로 이듬해 좌장군 상관걸 (上官桀), 표기장군 상관안(上官安) 부자가 어사대부 상홍양 등과 함께 반란을 꾀하는 사건이 터졌다. 그런데 여기에 소무의 아들 소원(蘇元)이 연루되어 처형당했다. 조정 대신들은 소무까지 잡아들일 것을 주장했으나 간신히 벼슬에서 물러나는 것으로 마무리되었다. 지조와 명성이 그를 살린 것이다.

기원전 74년 소무의 나이 67세 때 새 황제 선제(宣帝)가 즉위했다. 선제는 소무를 조정의 원로대신으로 우대하여 관내후(关內侯)에 식읍 300호를 내렸지만 소무는 상과 재물을 모두 동생과 고향 친구들에게 나누어 주었다.

그로부터 10여 년 뒤 소무는 덕망 높은 노신으로서 황제와 문무 대신 그리고 백성의 존경과 애도를 뒤로한 채 81세에 조용히 눈을 감았다. 선제는 그를 궁궐 내 기린각(麒麟閣)에 모신 11명의 공신들 중 한 사람으로 안배하여 절개를 높이 기렸다.

소무는 죽기 전 20년을 꿈에도 그러던 조국에서 보냈지만 아들이 모반에 연루되어 처형당하는 고통을 겪었고, 그 역시 반역자로 처결당할 뻔했다. 하지만 그의 높은 절개와 지조는 이미 세상이 다 알고 있었다. 동토 바이칼에서 보낸 20년 세월은 인간으로서 죽을 때까지 지켜야 할 것이 무엇인지를 똑똑히 깨닫게 했다. 그것은 다름 아닌 지조였다. 인간의 품격이 바로 이 지조로 결정된다는 것을 그는 온몸으로 체득했다.

11 | 골육상잔

骨肉相殘

나라를 세우는 대업을 이루고도
후계 문제를 처리하지 못하다

이연(李淵, 566~635)
당나라 개국 황제

당나라를 세운 이연은 후계 문제를 제대로 처리하지 못해 골육상잔이 벌어지도록 하였으나 황제 자리에서 물러난 이후 대세를 인정하고, 자신의 잘못을 반성했다. 그리고 아들 이세민이 당나라를 제대로 이끌 수 있게 황궁의 최고 어른으로서 아들의 위신과 통치 기반을 위해 대신들을 배려하고 다독였다. 이세민 또한 이런 아버지를 극진하게 모셨다. 두 사람은 나라와 백성을 위한다는 큰 대의를 놓고 말없이 큰 합의를 본 것이다. 이것이 결과적으로 이연의 말년을 편하게 만들었다.

당나라를 세우다

중국 역사상 최고 전성기를 구가한 당 제국의 기초를 닦은 사람은 누가 뭐라 해도 태종(太宗) 이세민(李世民)이다. 이세민이 역사상 가장 훌륭하게 나라를 이끈 명군이 되면서 당나라를 세운 아버지 이연은 상대적으로 평가를 받지 못했다.

이연은 지금의 감숙성 진안(鎭安)에 해당하는 롱서(隴西) 성기(成紀) 출신이다. 할아버지 이호(李虎)는 후위(後魏)의 유명한 여덟 개의 나라를 떠받치는 기둥이라는 뜻의 팔주국(八柱國) 중 하나일 정도로 지위가 높았으며, 사후에는 당국공(唐國公)에 봉해졌다. 아버지 이병(李昞)도 당국공을 세습한 북주주국(北周柱國)의 대장군이었다.

이연은 수도 장안에서 태어났으며 7세 때 당국공 작위를 세습했다. 호방하고 기개가 넘치는 청년으로 자랐으며, 너그러움과 명망까지 갖춘 리더로서 손색이 없었다. 수(隋)나라를 세운 문제(文帝) 양견(楊堅)의 황후 독고씨(獨孤氏)는 그의 이모였고, 수나라 대신 두의(竇毅)가 그의 장인이었다. 이런 막강한 집안 배경까지 갖춘 이연은 조정에서도 신망이 여간 두터운 것이 아니었다.

617년 52세의 태원유수(太原留守)로 있던 이연은 수 양제(煬帝) 양광(楊廣)에 반기를 들었다. 양제의 폭정에 백성의 원성이 하늘을 찔렀고, 이연은 시대의 흐름을 인지하고 병력을 이끌고 장안을 공격했다. 이연은 일단 양광의 손자 양유(楊侑)를 황제로 세우고 형식적이

나마 양광을 태상황으로 추존했다.

그러나 618년 우문화급이 강도(江都, 지금의 양주)에 놀러나갔던 양광을 목 졸라 죽인 다음 양광의 조카 양호(楊皓)를 세우고 군대를 이끌고 북진하여 낙양으로 돌아오려 했다. 그러나 전국이 무장 폭동에 휩쓸려 있던 터라 금위군은 한 걸음 움직일 때마다 공격을 받았다. 목적지인 낙양으로 가기는 불가능했다. 대세가 기울었음을 본 우문화급은 바로 양호를 죽이고 자신이 황제가 되었다. 장안에서 이 소식을 들은 이연도 양유를 죽이고 자신이 황제가 되었다.

양광의 15세 손자 양동(楊侗)이 낙양에서 즉위하여 수 왕조의 5대 황제가 되어 이듬해인 619년까지 버텼다. 하지만 재상이었던 왕세충이 그를 죽이고 자기가 보좌에 앉았다. 이로써 수 왕조는 천하를 통일한 지 39년 만에 망했다.

하지만 수 왕조의 역량은 상당했다. 통일 후 짧은 시간 안에 많은 문물과 제도를 정비하여 발전의 기틀을 닦았다. 특히 세계 역사상 가장 획기적인 인재 정책인 과거제를 실시하는 등 대단히 의욕적으로 제국을 정비했다. 만약 수 양제 양광이 일반적인 통치자였다면 제국이 그렇게 빨리 무너지지는 않았을 것이다.

이연은 이세민을 비롯한 걸출한 아들들의 도움을 받아 국호를 당(唐), 연호를 무덕(武德)으로 바꾸고 도읍을 장안으로 정하였다. 이어서 각지를 분할하여 세력을 형성하고 있던 이른바 할거 세력들을 합병하는 한편 농민 봉기군도 잠재우고 천하를 다시 통일했다.

이연은 당 왕조의 강산을 튼튼히 다지기 위해 중앙과 지방 정부를 개편했다. 중앙에 3성 6부제를 설립하고, 지방에는 주(州)와 현(縣) 체제를 실행하였다. 이것으로 중앙은 물론 지방의 관리들까지 황제가 임명하는 황제 집권체제가 강화되었다. 이어 조세와 물가 제도를 안정적으로 실행하여 전쟁으로 떠돌던 인구를 정착시켜 생산력을 빠르게 회복, 발전시켰다. 또 군대의 일과 농사를 하나로 합친 부병제(府兵制)를 실시함으로써 병력 확보와 경비 지출의 감소를 동시에 이루었다.

유능한 인재들을 선발하기 위해 수나라 때 실시된 과거제를 더욱 확충해 권문세족들이 벼슬을 독점하던 상황을 개혁하고 다양한 출신의 인재들을 확보했다. 또한『무덕율(武德律)』이란 법전을 제정하여 각계각층의 반발을 제압했다.

이같은 일련의 효과적인 조치로 이연은 전쟁의 상처를 빠르게 치유했고, 당나라를 안정과 번영의 국면으로 이끄는 기반을 마련했다. 여기까지 이연이 보여준 리더십은 그 어떤 황제 못지않았다.

그러나 상황이 날로 호전되고, 나이가 들어갈수록 이연은 점점 교만이 싹트고 쾌락에 빠지기 시작했다. 많은 처첩을 거느리고 거기에 빠져 정치를 게을리 했다. 게다가 나이가 들수록 아첨하는 신하를 선호하여 배적(裴寂)이란 소인배의 아첨에 넘어가 공신이자 명장인 유문정(劉文靜)을 살해하는 등 큰 우를 범했다. 이 때문에 통치 집단 내부에서 모순과 투쟁이 불거졌다.

서로에게 칼을 겨눈 아들들

———

이연은 태자 이건성(李建成), 제왕(齊王) 이원길(李元吉), 진왕(秦王) 이세민(李世民) 이 삼형제가 풀 수 없는 불화 관계에 있다는 것을 잘 알면서도 그것을 해결하기는커녕 반대로 그 불화를 부추기기까지 했다. 이 때문에 이건성과 이세민은 황제 자리를 놓고 사투를 벌였다. 이건성은 이세민을 동궁으로 유인하여 그를 독살하려고 했다. 이것이 미수로 돌아가자 이건성은 돌궐(突厥)이 변경을 침범한 틈을 이용하여 이세민 수하의 군대를 자기 휘하로 편입시키기 위해 이연에게 이원길을 원수로 삼아 출정시키라고 권했다. 그렇게 해서 이세민을 제거하겠다는 것이었다.

이 정보를 사전에 입수한 이세민은 선수를 쳐서 현무문(玄武門)에서 형과 동생을 죽였다. 이것이 유명한 '현무문의 변'이다. 이세민은 이어서 맹장 위지경덕(尉遲敬德)을 이연에게 보내 퇴위 조서를 작성하도록 압박하는 한편 군대는 철저히 중립을 지키도록 조치했다. 이연은 분통을 터뜨렸지만 대세는 기운 뒤였다. 이연은 자신의 신변을 위해 이세민을 태자로 봉하라는 조서를 쓸 수밖에 없었다. 이연은 이세민에게 태자의 자리를 내주고 모든 군대는 태자의 지시를 따르라고 명령했다.

이세민은 당나라 건국에 가장 큰 공을 세웠고 문무 대신들로부터 존경을 한 몸에 받고 있었다. 이제 태자가 되어 병권까지 수중에

'현무문의 변'을 표현한 그림

당나라를 세운 고조 이연은 안정적으로 정국을 운영했으나 말년에 후계 문제를 제대로 처리하지 못했
다. 이연의 세 아들은 황제 자리를 두고 다투었으며 결국 둘째아들인 이세민이 현무문에서 형과 동생
을 죽이고 황제의 자리에 올랐다.

넣었기 때문에 더 많은 신하들이 그를 지지했다. 군대의 일은 하나부터 열까지 이세민에게 우선 보고되었고, 결정은 그의 몫이었다. 이런 상황을 본 이연은 순순히 물러나는 것만이 살길이라고 생각했다. 첫 조서를 내린 지 두 달 뒤, 29세의 이세민이 당 제국의 두 번째 황제 자리에 올랐다. 이세민은 연호를 정관(貞觀)으로 고쳤다. 이연은 태안궁(太安宮)으로 물러났고, 형식적으로 태상황으로 추대되었다. 그의 나이 60세였다.

태안궁의 원래 이름은 홍의궁(弘義宮)이었는데, 이세민이 아버지인 태상황 이연이 말년을 편하게 보내란 뜻에서 태안궁으로 이름을 바꾸었다.

편안한 말년을 보내다

태안궁에 도착한 이연은 지난날을 생각하자 온갖 회한이 밀려와 제대로 잠을 이루지 못했다. 멀리서 들려오는 새 황제 이세민을 위한 잔치 소리는 이연의 심경을 더욱 쓸쓸하게 만들었다. 하지만 결과적으로 보면 다른 사람이 아닌 자신의 친아들에게 황제 자리가 돌아가지 않았나.

이연은 과거 역사를 되짚어 보았다. 얼마나 많은 권력자들이 자식에게 권력을 물려주지 못하고 남에게 권력을 빼앗겼던가? 어차피 황제 자리는 아들에게 물려주어야 할 것이고, 또 지금 아들 이세민이 수많은 명장과 대신들을 거느리고 나라를 잘 통치하고 있으니 자신의 역할은 끝났다는 생각도 들었다. 이연은 한결 마음이 편해져서 이후 책을 읽고 후원의 경치를 감상하며 산책을 하는 유유자적한 생활을 보냈다. 게다가 손자들이 이따금 찾아주니 그보다 더 큰 기쁨은 없었다.

이세민은 이연이 처한 상황과 심정을 헤아려 아버지를 기쁘게 할 수 있는 일이라면 마다하지 않았다. 장안성 동북쪽에 이연을 위해 호화스러운 대명궁(大明宮)을 짓게 하고 황후들을 대동하여 이연을 찾아 문안을 드렸다.

정관 4년인 630년 2월, 명장 이정(李靖)이 양산(陽山)에서 당시 당나라의 가장 큰 위협이었던 돌궐을 대파했다. 이어 3월에는 돌궐의 최고 우두머리 힐리가한(頡利可汗)을 생포, 장안으로 압송하여 종묘에 보고했다. 소식을 들은 이연은 누구보다 기뻐했다.

이정은 학문과 군사 전략이 모두 뛰어난 인물로, 수 왕조의 개국공신이자 명장이었던 한금호(韓擒虎)의 조카였다. 수나라 때 이정은 마읍군(馬邑郡, 지금의 산서성 삭현)의 말단직인 군승에 지나지 않았다. 이때 이연은 이정과 같은 산서에서 태원유수로 북부 변방을 지키고 있었다. 당시 이정은 군사가의 안목과 정치가의 직감으로 군대를 늘리고 있는 이연이 무엇인가를 꾸미고 있다는 것을 확신하고 몇 번이나 조정에 조심해야 한다고 경고했다. 이 일로 이연은 이정을 몹시 미워했다.

수 왕조 공제(恭帝) 원년인 617년, 이연은 국경을 넘어온 돌궐을 공격한다는 구실로 군대를 집결하였다. 이상한 낌새를 눈치챈 이정은 수 양제가 머물고 있는 강도로 직접 가서 이 일을 알리려 했다. 그런데 장안에 도착하자 각지에서 봉기군이 우후죽순처럼 일어나 장안에 발목이 잡혔다. 얼마 지나지 않아 이연이 대군을 이끌고 장안을 점령했다. 이정은 포로로 사로잡혀 사형 당할 신세가 되었다. 평소 감정이 좋지 않던 사이였으니 이정의 앞날은 불을 보듯이 훤했다. 이정은 당당한 모습으로 대응했다.

"대왕이 봉기를 일으킨 것은 천하를 위해 폭정과 난리를 없애기 위한 것이거늘 어찌 개인적인 원한 때문에 장수를 죽이려 한단 말이오?"

이연은 아들 이세민 등의 통사정으로 이정을 풀어주고 이세민 밑에 있게 했다. 620년, 통일대업이 완성되지 않은 상황에서 개주(開州)의 야만족 염조칙(冉肇則)이 기주(夔州)를 침공하여 여러 주를 차지했다. 이 때문에 조군왕(趙郡王) 이효공(李孝恭)의 대군이 전투에서 불리한 처지에 놓이게 되었다. 이 무렵 이정은 이효공의 부하로 있었는데 병졸 800여 명을 거느리고 적의 군영을 기습하여 염조칙을 죽이고 5,000명 넘게 사로잡았다. 이 소식을 들은 이연은 매우 기뻐하며 여러 대신들에게 말했다.

"공을 세운 사람보다 잘못을 저지른 사람을 쓰는 것이 낫다고 하더니 이정이 과연 그렇군!"

그러면서 이정에게 직접 편지를 보내 "지난 허물은 잊은 지 오래다"라고 적었다.

이런 이정이 당나라의 가장 큰 위협인 돌궐을 평정하고 그 우두머리까지 생포했으니 이연의 기쁨은 이만저만한 것이 아니었다. 승리를 축하하기 위하여 이연은 능연각(凌煙閣)에 술자리를 마련했다. 이세민은 즉시 사람을 시켜 철저한 준비를 명령하는 한편, 시간에 맞추어 여러 대신들과 황실의 종친들, 황후와 황비 그리고 공주들을 거느리고 이연에게 술을 올렸다. 그리고 서역의 음악을 연주하도록 하여 한껏 흥을 돋우었다. 이세민은 오래전 늙은 노래자(老萊子)가 부모를 기쁘게 해드리려고 춤을 추는 등 재롱을 떨었다는 고사처럼 자신이 직접 춤을 추었다. 그러자 모든 사람들이 함께 어울려 춤을 추며 이연의 장수를 기원했다. 이연은 즐겁고 기쁜 나머지 돌아가는 것도 잊었고, 날이 다 밝아서야 태안궁으로 돌아갔다.

이연은 종종 장안성에서 장수들의 열병식을 참관하곤 했다. 씩씩하고 늠름한 병사들을 보면서 이연은 과거 태원에서의 자기 모습을 떠올리며 깊은 생각에 잠기곤 했다. 이연은 숨을 거둔 해에도 열병식을 참관했고, 또 미앙궁(未央宮)에서 연회를 열어 3품 이상의 문무관들을 초빙했다. 이세민이 축하 인사를 올렸고, 이민족 우두머리들도 춤과 노래로 이연의 장수를 축원했다.

이연은 이세민 통치기 정관 9년인 635년 중풍을 얻었다. 많은 의

고조 이연의 초상화

태종 이세민의 초상화

사들이 와서 그의 병을 진단하고 치료했지만 차도가 없었다. 그해 이연은 태안궁에서 69세의 나이로 세상을 떠났다. 이연이 죽자 신하들은 그를 대무황제(大武皇帝)로 추존하고 시호를 고조(高祖)라 했다. 시신은 그의 무덤으로 지정되어 있던 헌릉(獻陵)에 매장되었다.

이연의 말년은 즐겁고 편안했다. 황제인 아들의 지극한 배려와 세심한 안배로 누릴 수 있는 것은 다 누렸다. 물론 이는 다분히 정치적인 것이었다. 지고무상한 황제의 지극한 효성은 문무대신과 백성들에게 더할 수 없는 본보기였기 때문이다. 하지만 마냥 정치적 보여주기만은 아니었을 것이다. 두 사람은 천륜으로 이어진 관계였고 군웅이 할거하는 격변기에 나라를 세우는 대업을 함께 했다.

이연은 후계자 문제를 매끄럽게 처리하지 못했지만 말년에 아들 이세민에게 최선을 다함으로써 대당 제국을 세운 개국 황제라는 명성을 얻었고 태종 이세민은 '정관지치(貞觀之治)'라는 중국 역사상 최고 전성기를 구가할 수 있었다.

12 貞觀之治 정관지치

현명한 신하를 등용하고
충고를 받아들여
최고의 전성기를 이루다

이세민(李世民, 599~649)
당나라 황제

중국 역사상 최고의 명군으로 꼽히는 이세민의 죽음은 권력 본질에 대한 통찰이 최고 권력자에게 얼마나 중요한가를 잘 보여준다. 이세민은 치세를 이룬 다른 제왕들에 비해 일찍 죽으면서 말년에 발생한 적지 않은 문제점들이 커지지 못했다. 그런 의미에서 명군의 명성을 얻게 되는 천운이 따랐다고도 할 수 있다. 만약 그가 몇 년만 더 살았더라면 중국사는 상당히 다른 모습으로 전개되었을지도 모른다. 물론 명군이란 명성도 함께 사라졌을지도.

천운이 따라야 하는 명군의 조건

중국은 말 그대로 제왕의 나라로, 80개에 이르는 왕조와 약 600명에 이르는 제왕이 있었다. 왕조 체제에서 제왕은 당시 최고의 통치자로, 그들 행적의 좋고 나쁨이나 옳고 그름을 떠나 역사 현상을 대변하는 중요한 존재이다. 권력의 정점에 있었던 제왕은 그래서 연구대상이 되기에 충분했고 또 지금도 계속 연구되고 있다. 제왕에 대한 연구는 궁극적으로 해당 제왕에 대한 평가로 이어지고, 여기서 명군 (明君), 폭군(暴君), 혼군(昏君)과 같은 용어들이 나왔다. 흥미로운 사실은 600명에 이르는 제왕들 중 좋은 평가를 받은 명군이 매우 드물다는 것이다.

명군의 조건으로는 무엇보다 제왕의 자질이 가장 중요하고, 그 자질을 갈고 닦아서 통치의 본질을 통찰하는 식견을 갖추어야 했다. 모든 권력이 오로지 한 사람에게 집중된 제왕 체제에서 권력이란 달콤한 독약에 중독되지 않고, 인성의 약점을 극복해 가면서 나라와 백성을 위한 통치에 전념하기란 결코 쉽지 않았다. 그런데 제왕 자신의 자질과 노력 및 식견뿐만 아니라 뜻밖의 요인 하나가 명군을 결정짓는 데 상당한 작용을 하고 있어 흥미를 끈다. 이는 불가항력적인 것으로 바로 생물학적 수명(壽命)이다.

결론부터 말하자면 오래 장수한 제왕들은 대부분 명군의 반열에 오르지 못했다. 통계를 내본 결과 중국 역사상 명군에 오른 제왕들의 수명은 50세에서 60세 사이였다. 그 이상을 산 제왕들은 명군에서 비교적 멀어져 있었다.

왕조체제에서 정권이 안정을 누리기 위해서는 절대 권력자인 제왕의 수명과 재위 기간이 상대적으로 안정된 수치를 보여야 한다. 너무 어린 나이에 즉위하거나 재위 기간이 너무 짧으면 정권을 안정시킬 수 있는 절대 시간이 부족하기 때문에 정치와 국정이 불안정해지기 십상이다. 반대로 제왕이 너무 나이가 들어 즉위하거나 너무 오래 재위해도 적지 않은 문제가 드러난다. 보위에 오르기까지 너무 많은 시간이 걸리면 정치에 대한 감각이 떨어지거나 권좌에 올라야 한다는 욕망에 사로잡혀 균형을 잃기 쉽고, 너무 오래 자리를 지키다 보면 정치에 태만하거나 타성에 젖어 판단력을 잃는 경우가 적지 않았다. 요컨대 제왕은 적당한 나이에 즉위하여 적당 기간 자리를 지키다 대권을 후계자에게 넘겨주고 세상을 뜨는 것이 가장 이상적이라는 결론이다. 즉 대체로 60세를 넘지 않고 세상을 떠나는 천운(?)이 작용해야 한다는 말이다.

중국 역사상 최고의 명군이란 평가를 받고 있는 당 태종 이세민은 이 천운이 절묘하게 작용하여 말년의 실책을 최소화하고 세상을 떠남으로써 명군의 반열에 오를 수 있었다.

이세민은 형제들을 죽이고 아버지를 뒷방으로 내쫓는 정변을 통해 권력을 차지했다. 정권의 정통성이란 면에서 보자면 출발부터 큰 흠을 갖고 있었다. 하지만 황제로 즉위한 이후 이세민의 통치는 최고 경지를 유감없이 보여주었다. 이세민은 역사상 그 어떤 제왕보다 신료들의 직언과 충고를 허심탄회하게 수용했다. 신하들은 면전에서 대놓고 황제를 비판할 수 있었다. 이는 민주주의 체제에서도 쉽지 않은 일이다. 이렇게 해서 이세민은 중국 역사상 최고의 전성기를 대변하는 '정관지치'를 이룩했다.

세상은 이세민을 명군이니, 현군이니, 하늘이 내린 위대한 제왕이라며 칭송하기에 바빴다. 그러자 이세민은 서서히 변해가기 시작했다. 당나라의 번영은 모두 자기 덕분이라며 자신의 능력을 과대평가했고, 사치와 향락에 젖어 들었다. 집권 초기 그토록 강조했던 수나라의 멸망이 가져다 준 교훈은 어느새 뒷전으로 밀려났다.

빛바랜 정관지치

————

권력자의 변질과 타락은 가장 먼저 자신의 통치 구역에 대한 확대와 이를 과시하기 위해 여자들을 대량으로 입궁시키는 것으로 나타난다. 이세민 역시 행궁을 크게 짓고 많은 처첩들을 거느렸다. 천하의 진기한 물건들을 수집하고 이를 자랑하는 생활도 즐겼다. 인재를 기용하는 데 있어서도 원칙을 버리고 자신과 가까운 자들을 끌어들였다. 직언과 충고를 멀리 하고 아부에 마음이 기울었다. 충직한 신하들이 어이없이 살해당하고 대외적으로도 실책을 연발했다. 무리하게 두 차례나 고구려 성벌에 나선 것이 대표적인 사례이다.

심지어 절대 열람해서는 안 되는 사초(史草)까지 기어이 열람하는 어처구니없는 일도 저질렀다. 이는 나쁜 선례가 되어 후대 제왕들 중 상당수가 자신에 대한 역사 기록을 열람하는 일이 속출했다. 조선 왕조 연산군도 이를 본받은 제왕들 중 하나이다.

다행스러운 것은 이세민이 죽기 전에 자신의 실책을 깨닫고 이를 뉘우치려 애썼다는 사실이다. 죽기 1년 전 태자 이치(李治)를 위해『제범(帝範)』12편을 집필하여 자신이 잘못한 모든 것을 아들에게 들려주며 고대 성현들을 스승으로 삼고 절대로 자기를 따라하지 말라고 하였다.

"내가 대권에 오른 후 잘못된 것이 많았다. 비단과 금은보화가 먼저였고, 궁궐을 많이 지었다. 좋은 말을 찾느라 애를 썼고, 늘 외유를 떠나는 통에 돈을 많이 쓰고 백성들을 번거롭게 했다. 이 모두가 나의 잘못이다. …… 옛 성현들에 비해 나는 멀었다. 그러니 나를 본받으면 안 된다."

말년의 이세민은 '정관지치'라는 칭송과는 거리가 멀었다. 색을 밝히고 놀기를 좋아했던 태자 이승건(李承乾)을 교체하려고 하자 태자가 정변을 일으켰다. 넷째 아들 이태(李泰)를 태자로 세웠으나 이태 역시 폭력적이고 자질이 없었다. 이세민은 이태를 서민으로 강등시켰다. 두 아들의 만행과 비참한 말로는 이세민에게 큰 충격을 주었다. 이후 이세민의 건강은 급속도로 악화되었다.

〈보련도〉

중국 당나라 때의 화가 염입본(閻立本)이 그린 그림이다. 문성공주가 토번의 왕 송찬간보에게 시집을 가게 되자 당 태종이 사신을 맞이하기 위해 나온 모습을 그린 것이다. 보련(가마)에 앉아 있는 사람이 당 태종이다.

당 태종과 위징

아래쪽에 등을 보이고 있는 사람이 당 태종이고 멀리서 걸어오는 사람이 위징이다. 위징은 태종 이세
민의 집권 초기에 가장 많은 직언을 올렸다.

온갖 약물이 투입되었지만 별 효과가 없었다. 그 와중에 이세민은 고구려 정벌에 나섰다가 패배하면서 건강이 더 악화되었다. 거기에 화병과 우울증까지 겹치고 점점 초자연적 미신에 빠져들어 방사들의 단약(丹藥)에 희망을 걸었다. 이것도 여의치 않자 진시황처럼 외국으로 눈을 돌렸다. 어떤 자는 인도의 방사를 추천하기까지 했다.

이세민의 말년과 죽음은 그 자체만 놓고 보면 상당히 비참했다. 아들들은 제멋대로였고, 딸인 고양(高陽)공주는 황제의 조서를 멋대로 조작하며 나쁜 짓을 저질렀다. 이세민이 고양공주를 심문하게 하자 교만방자하기 이를 데 없는 공주는 이세민에게 되레 대들었다. 화가 머리끝까지 뻗친 이세민은 갑자기 심장을 움켜쥐며 숨을 헐떡였다. 정관 23년인 649년 3월, 이세민은 단약 중독과 울화통으로 발작을 일으켜 갑자기 선혈을 토하더니 절명하고 말았다.

13 일인지하만인지상

一人之下萬人之上

현명한 군주를 만나 삼공의 자리에 오르다

이적(李勣, 594~669)
당나라 초기 군사가, 정치가

이적은 수 왕조가 20여 년 만에 단명하고 당 왕조가 들어서는 격동기에 큰 공을 세워 개국공신으로 갖은 명예와 부를 누렸다. 또한 태종이 죽고 무측천이 권력을 장악하는 정쟁의 소용돌이도 잘 넘겼다. 무엇보다 공신들이 가족 때문에 수난을 당하는 모습을 목격하고는 집안 단속에 만전을 기했다. 이적의 신중함은 자신을 지키고 가족을 지키는 지혜로운 처신으로 작용했다. 늙어 죽도록 자신의 권세를 한껏 과시하는 것은 물론 그 자식과 가족들까지 나서 추태를 떠는 우리 사회 지도층이 참고할 만한 바람직한 삶이다.

왕에게 충성하고 신임을 얻다

———

당 왕조 초기의 군사가이자 정치가로 비교적 큰 발자취를 남긴 이적의 원래 성은 서(徐)씨이고 이름은 세무(世懋), 자는 무공(懋功)이다. 조주(曹州) 이호(離狐, 지금의 산동성 동명현) 사람이다. 당나라 개국에 공을 세워 고조 이연으로부터 황실과 같은 성을 하사받았는데, 태종 이세민(李世民)의 이름 중 가운데 글자인 '세(世)'자를 피하기 위해 자신의 이름인 세무의 '세' 자를 쓰지 않고 '적(勣)'이란 외자를 취했다. 이처럼 제왕의 이름자를 기피하는 것을 피휘(避諱)라 하는데 높은 사람의 이름을 피한다는 뜻이다. 훗날 역사가들은 이적을 이세적이라고도 불렀기 때문에 두 이름이 함께 통용되고 있다.

이적은 우리 역사와도 인연이 적지 않다. 51세 때인 644년 태종 이세민이 고구려 정벌에 나섰을 때 요동도행군대총관(遼東道行軍大總管)으로 원정군을 지휘했으며, 666년 73세의 노구를 이끌고 고구려를 멸망시키기 위한 나·당 연합군의 군사작전 때도 설인귀(薛仁貴) 등과 함께 총사령관을 맡은 바 있다. 고구려는 그로부터 2년 뒤인 668년 멸망했다.

이적의 집안은 대단히 부유했고, 자신도 일찍부터 수나라에서 대장군을 지낼 정도로 명망이 있었다. 620년 27세의 이적은 당시 이연과 이세민의 가장 강력한 라이벌이었던 두건덕(竇建德)을 죽인 뒤 그 땅을 가지고 당나라에 귀순한다는 계획을 세웠으나 성공하지는 못했다. 하지만 이 무렵부터 이적은 이연과 이세민의 확실하고 든든한 후원군이 되었다. 이듬해인 621년 이적은 왕세충(王世充)의 대장 왕본행(王本行)과 두건덕의 대장 은추(殷秋), 석찬(石贊) 등을 생포하는 큰 전공을 세웠으며, 나아가 다른 군대와 함께 왕세충, 두건덕의 대군을 소멸시키고 그들을 포로로 잡는 데 공을 세웠다. 그리고 이 공을 인정받아 바로 장군에 임명되었다.

얼마 뒤 이적은 또 서원랑(徐圓朗)을 토벌하라는 명을 받고 출정하여 대승을 거두었고, 당시 당나라 변경을 위협하고 있던 강력한 이민족인 돌궐을 압박하여 당과의 화친을 끌어내기도 했다. 이세민은 이적을 영국공(英國公)으로 봉하고 병주(幷州, 지금의 산서성 태원)에 주둔하게 하였다. 그러면서 "수양제가 돌궐을 방어하기 위해 백성들을 괴롭히며 장성을 쌓았으나 끝내 이득이 없었다. 짐은 그저 이적을 진양(晉陽)에 배치했지만 전혀 두렵지 않다. 그러니 이적이 장성보다 더 든든하지 않겠는가?"라며 칭찬했다.

626년 이세민은 현무문의 정변으로 형님이자 태자인 이건성과 동생 이원길을 죽인 다음 아버지 이연을 압박하여 황제 자리를 양위하게 했다. 이 와중에서도 이적은 줄곧 법을 엄격하게 지키고 직분에 충실했다. 정관 15년인 641년 태종 이세민은 48세의 이적을 군대의 최고 책임자 자리인 병부상서(兵部上書)에 임명하였다. 2년 뒤 그는 '일인지하(一人之下), 만인지상(萬人之上)'의 자리인 재상에 임명되었다.

이세민은 태자 이치의 교육과 보필을 이적에게 맡겼다. 일찍이 이적은 수나라 말기의 군웅들 중 한 사람이었던 이밀(李密, 582~618)을 섬긴 적이 있다. 당시 이밀은 당 고조 이연에게 맞서는 최대의 반대 세력이었다. 이후 이밀은 당나라에 항복하여 벼슬까지 받았지만 다시 반란을 꾀하다 37세의 나이로 처형당했다. 당시 25세였던 이적은 이연에게 부탁하여 이밀의 장례를 치러주었고, 이것이 이연과 이세민에게 깊은 인상을 남겼다. 이세민은 이적에게 태자의 교육을 맡기며 의미심장하게 말했다.

"내 아들이 태자가 된 뒤 나는 태자를 그대에게 맡기겠노라 말했소. 아무리 생각해봐도 태자를 맡길 만한 사람은 그대 밖에 없소이다."

649년 이세민이 병으로 쓰러져 일어나지 못했다. 임종에 앞서 이세민은 유약한 성품의 태자 이치를 위해 몇 가지 조치를 취했다. 우선 황제 자리를 위협할 수 있는 왕자들을 중앙 정치와는 거리가 먼 곳으로 배치했다. 이어 야심가였던 무측천(武則天)을 비구니로 출가시켰다. 그와 함께 이적을 첩주도독(疊州都督)으로 내쳤다. 새로 즉위할 황제가 모든 인사권을 행사할 수 있게 안배한 것인데, 이세민은 태자에게 이적을 지방으로 내치는 이유에 대해 이렇게 말했다.

"이적은 워낙 재능이 뛰어나서 네가 대처하기 힘들 것이다. 그래서 내가 그를 변방으로 내친 것이다. 만약 그가 명령을 듣는다면 내가 죽은 후에 그를 다시 대신에 임명하여 정치를 맡기고, 그가 주저

한다면 없애 버려라!"

그러면서 자신을 위해 공을 세웠기 때문에 이적을 요직에 앉힌 것이지, 태자가 자리를 마련해준 것이 아니기 때문에 일단 내친 다음 태자가 황제의 자리에 오른 뒤 그를 임명하면 충성을 다할 것이라는 설명도 덧붙였다.

이세민이 죽고 650년 이치가 황위를 계승해 당 고종(高宗)이 되었다. 고종은 아버지의 말을 따라 명령을 받고 지방에 내려가 있던 이적을 불러 들였다. 그리고 무측천과의 옛정을 생각하여 그녀를 궁중으로 불러 소의(昭儀)에 봉하였다.

이적은 태자 때부터 지켜본 고종의 천성을 잘 알고 있었고, 또 무측천의 야심도 잘 알고 있었다. 이 때문에 궁중 일에 개입하지 않는 처세의 방법을 취했다. 고종이 무측천을 황후로 세우자 대신 저수량(褚遂良)과 장손무기(長孫無忌)는 결사적으로 반대했다. 하지만 이적은 병을 핑계로 한 발짝 물러나 있었다. 고종이 이적의 생각을 물었을 때도 "폐하의 가정사를 어찌 외부인에게 묻습니까?"라며 자신의 의견을 드러내지 않았다.

655년 10월, 고종은 왕(王) 황후와 초(肖) 숙비를 폐하고 무측천을 황후로 책봉한다는 조서를 내렸다. 지독한 눈병과 건강이 좋지 않았던 고종은 정무를 거의 무측천에게 맡겼고, 무측천은 이 기회에 저수량과 장손무기를 외지로 내친 다음 끝내 그들을 자살하게 만들었다. 대신 한원(韓瑗)과 내제(來濟) 등은 자신뿐만 아니라 가족들까

명장 이적의 초상화(왼쪽)와 재상 이적의 초상화

이적은 당나라 개국 때 큰 공을 세운 인물로 이세민 때도 대외적인 정벌 활동을 나갈 정도로 뛰어난 군사가였다. 군대의 최고 책임자 자리에 오르고 얼마 뒤 재상에 임명되어 태자 교육을 맡았다. 이세민 이 죽고 고종이 황제가 되자 그의 신임도 받았으나 무측천이 권력을 쥐었을 때에는 정사에 간여하지 않았다.

지 화를 입었다. 무측천의 보복은 철저했으나 그 와중에서도 이적은 화를 피했다.

무측천은 잔인한 수단과 치밀한 수순을 밟아 중요한 정적들을 잇달아 제거했다. 새로운 인재들이 조정으로 들어왔고, 무측천은 군자와 소인배를 동시에 기용하여 균형을 맞추면서 당나라 제국을 그런대로 잘 이끌었다.

환갑이 지난 이적은 이런 상황을 직시하여 수시로 병을 핑계로 조정에 들지 않았으며, 될 수 있는 한 정사에 간여하지 않았다. 자신에게 주어진 일에 대해서도 극도로 조심하면서 처리했다.

현명한 군주를 만나 삼공의 자리에

665년, 황후가 된 무측천을 위해 고종은 대신들과 함께 태산(泰山)에 제사를 드리기로 하고 이적에게 이 일을 주관하게 했다. 가는 길에 고종은 이적에게 물었다.

"짐이 조정 대신들에게 허심탄회한 직언을 원하는데 공은 어찌하여 아무 말이 없습니까?"

이적은 답을 피했지만 고종이 재차 묻자 그제야 이렇게 대답했다.

"폐하께서 모든 일을 완벽하게 해내고 계시는데 조정 대신들이 무엇을 권하겠습니까?"

고종 이치의 초상화

이치는 황제의 자리에 오른 뒤 무측천을 불러들여 황후로 책봉한 뒤 그녀에게 정무를 거의 맡겼다. 그로 인해 권력은 모두 무측천에게 넘어가게 되었다.

고종은 이 대답에 한참 말을 잇지 못하다가 한숨만 내쉬었다.

669년 이적은 병이 깊어져 몸져누웠다. 고종은 이 소식을 듣고 즉시 진주(晉州, 지금의 산서성 진성) 자사(刺史)를 맡고 있는 이적의 동생 이필(李弼)을 급히 불러 사위정경(司衛正卿)에 임명하여 이적을 보살피게 하였다. 동시에 어의를 보내 진찰하도록 하는 한편 수시로 궁중의 좋은 약을 보냈다. 이적은 고종이 보내준 약 이외에 다른 사람이 처방한 약은 일절 복용하지 않음으로써 황제의 성의와 은총에 보답했다. 이적은 동생과 집안사람들에게 말하길 "나는 산동성의 촌부였으나 현명한 군주를 만나 삼공의 자리에 오를 수 있었다. 내 나이 팔십이 다 되도록 장수했으니 정말 운이 좋았다고 할 수 있다!"라고 했다.

병세는 호전될 기미가 없었다. 갈수록 병세가 악화되자 이적은 살날이 얼마 남지 않았음을 직감했다. 이적은 동생 이필을 불러 말했다.

"내가 오늘은 몸이 좀 괜찮으니 전 가족에게 식사하자고 해라. 내가 너희들에게 할 말이 있다."

식사가 끝난 후 이적은 이필에게 말했다.

"나는 이미 병이 깊을 대로 깊었다. 오늘 식사가 너희들과의 마지막 식사가 될 것이다. …… 나는 내 눈으로 방현령(房玄齡)과 두여회(杜如晦) 그리고 고계보(高季輔) 등의 삶을 보면서 살았다. 저들은 일생동안 오랑캐를 정벌하고 그 전공으로 황제로부터 많은 은혜를 입었다. 하지만 저들은 불효한 자식들을 만나 어려움을 겪었다. 지금 내 모든 가족들이 이곳에 모였다. 이들을 모두 동생에게 부탁한다. 동생은 전심전력으로 이들을 부양하고 이들이 일을 저지르지 않게 하여라. 만일 이들 중 품행이 단정치 못하거나 불량한 친구를 만나 옳지 않은 짓을 저지르면 바로 죽인 다음 조정에다 알려라!"

가족들은 너나할 것 없이 소리 없이 흐느꼈다. 이적은 가쁜 숨을 몰아쉬며 "내 말을 절대 잊지 말기를 바라며 조금도 소홀하지 말아다오"라고 당부하였다. 며칠 뒤 이적은 76세의 나이로 세상을 떠났다.

고종은 이적이 죽었다는 소식에 매우 비통해 하였다. 이적의 죽음을 애도하기 위해 7일간 조회를 중지하고 애도 기간으로 선포했다. 또 이적에게 태위(太尉)와 양주대도독(揚州大都督)을 추증하고 정무(貞武)라는 시호를 하사했다. 장례가 끝난 뒤 그의 시신은 태종의 무덤인 소릉(昭陵) 옆에 묻혔다. 당시 신하로서는 최고의 영예였다.

14 유일무이

唯一無二

정치적 수완은 정교하게,
수단은 가차 없고 잔인하게

무측천(武則天, 624~705)
주나라의 여황제

중국의 여황제로 주나라를 다스렸던 무측천에 대한 평가는 지금까지도 의견이 분분하다. 무측천은 70세를 넘긴 고령의 나이에 이씨에게 당나라를 돌려줄 준비를 했다. 아마도 여황제는 자신 하나로 충분하다고 생각했던 것 같다. 지각 있는 조정 대신들의 직언과 충고가 크게 작용했겠지만 결정은 그녀의 몫이었다. 무측천은 늙도록 식지 않았던 개인적인 욕망이나 잔인한 성격에도 불구하고 그녀가 통치한 주나라는 태평성세를 누렸고, 백성들은 생업에 만족하며 잘 살았다. 그녀의 통치와 리더십을 좀 더 깊이 있게 검토해야 할 필요가 있다.

주 왕조의 여황제

영화 '적인걸(狄仁杰)' 속에서 무측천은 카리스마 넘치는 여황제의 모습으로 그려진다. 그녀는 실제로도 위풍당당한 여장부였다. 중국 역사상 유일무이한 여황제라는 기록을 남기고 있을 뿐만 아니라, 600명에 이르는 남성 제왕들 중 그녀에 필적할 만한 제왕은 얼마 되지 않을 정도로 정치력 또한 뛰어났다.

대부분의 사람들은 무측천을 당 왕조의 여황제로 알고 있지만 그녀는 당 왕조를 자기 손으로 끝내고 주(周) 왕조를 세워 황제로 즉위했다. 그리고 주나라 마지막 황제로 역사의 무대에서 퇴장했다. 그녀는 남편 고종의 통치기 때 이미 고종을 대신하여 전권을 휘둘렀는데, 그 시기에 대외적으로 고구려와 백제를 멸망시켰다.

무측천의 정치는 군자와 소인을 고루 기용하는 특이한 모습을 보였다. 음욕이 강했던 그녀는 소인배들을 기용하여 자신의 사사로운 욕망을 채웠지만, 나라일은 좋은 인재들을 대거 발탁하여 맡기는 등 남다른 수완을 보여주었다.

무측천은 잔인하고 무정했지만 그것이 백성들을 향하지 않았기에 천하에 피해를 주지는 않았다. 또한 정권을 다시 이씨에게 돌려주는 냉철함으로 당 왕조를 연속시켰다. 말년에 무측천이 이 같은 판단을 내리지 않았더라면 아마 큰 혼란과 피해가 있었을 것이다.

그녀 앞에 거칠 것이 없다

———

무측천의 이름은 무조(武照)였으나 뒷날 무조(武曌)로 바꾸었다. 당나라의 수도 장안(長安)의 관리 집안에서 태어났다. 아버지의 본적은 병주(并州) 문수(文水, 지금의 산서성 문수)이며 오늘날로 말하자면 건설부 장관에 해당하는 공부상서(工部尚書)를 지냈다. 어머니 양씨는 수나라 황실의 종친으로 재상을 지낸 양달(楊達)의 딸이었다. 고관대작에 부귀영화를 누린 아버지로부터 그녀는 권력과 권세의 위력을 실감하며 살았고, 수나라의 멸망에 따른 어머니의 몰락은 세태의 냉정함을 인식시키는 계기가 되기도 했다. 이 때문에 어려서부터 권력에 대한 욕망과 잔혹하고 무정한 심리가 형성되었다는 평가도 있다.

무측천은 천부적으로 아름답게 태어났고 게다가 총명했다. 14세 때에 당 태종의 부름을 받아 궁으로 들어가 무미(武媚)라는 호칭을 받았다. 26세 때 태종이 죽으면서 무측천은 삼업사(感業寺)로 추방되어 강제로 비구니가 되었다. 무측천의 욕망을 꿰뚫어 본 태종이 죽기 전에 아들을 위해 취한 조치였다. 하지만 고종은 태종만큼 심지가 굳지 못하여 황제로 즉위한 뒤 옛정을 생각하여 무측천을 다시 궁으로 불러들여 소의라는 벼슬을 내렸다.

고종의 마음을 사로잡은 무측천의 앞길에는 거칠 것이 없었다. 빠른 속도로 지위가 상승했으며, 그 여세를 몰아 초 숙비와 왕 황후를 차례로 무너뜨리고 황후가 되었다.

무측천 행차도

황후의 자리에 오른 뒤 무측천은 조정 일을 직접 주관하면서 주 왕조를 창건하고 스스로 황제가 되었다. 권력을 쟁취하는 과정에서는 잔혹하리만큼 가차 없었지만 새로운 인재를 등용하고 나라를 잘 다스려 주나라는 태평성세를 누렸다.

평소 잔병이 많고 의지가 약한 고종은 무측천이 조정 일에 관여하도록 길을 터주었다. 하지만 개국 공신들은 그녀의 등장과 정치 간섭에 크게 반대하였다. 무측천은 장손무기로 대표되는 이들을 차례로 무너뜨렸고, 자신에게 순종하지 않는 친아들인 황태자 이홍(李弘)을 독살하고 차남인 이현(李賢)을 태자로 삼았다. 이현도 그녀의 뜻대로 일을 처리하지 않자 서민으로 강등시키고 셋째인 이현(李顯)을 태자로 삼았다.

683년 56세의 고종이 병사하고 이현이 즉위하여 중종(中宗)이 되었다. 그때 무측천의 나이는 60세였다. 무측천은 중종을 대신하여 수렴청정에 들어갔다. 중종은 즉위한 지 불과 50일 만에 황제 자리에서 폐위당하고 노릉왕(盧陵王)으로 격하되었다. 넷째 아들 이단(李旦)이 황제 자리에 올랐지만 꼭두각시 황제에 지나지 않았다. 천하의 대권은 이제 무측천 차지였다.

무측천은 여러 명의 황제를 폐위시키고 자신에게 반대하는 세력들을 제거해나가면서 자신의 권력 기반을 차곡차곡 다졌다. 한편으로 자신의 황제 즉위는 하늘의 뜻이라는 여론을 만들어나갔다. 정치적 수완은 단계적이고 정교했으며 수단은 가차 없고 잔인했다. 정치가 무측천의 진면목은 곳곳에서 빛났다.

690년 마침내 주 왕조를 창건하고 무성전(武成殿)에 오른 무측천은 '성모신황(聖母神皇)'이란 칭호를 받았는데 당시 67세였다.

지고무상한 황제로 즉위한 무측천은 자신의 통치 지위를 확고히

하기 위해 우선 낙양(洛陽)에 무씨 7묘를 세워 태묘(太廟)로 삼았다. 아버지를 비롯한 조상들을 모두 제왕으로 떠받든 것이다. 또한 무씨들을 대거 조정으로 불러들여 실질적인 대권을 장악하게 했다. 조정 내에 투서함을 만들어 시시각각 각종 정보를 확보하는 한편 신하들끼리 서로를 감시하게 만들었다. 그녀는 자신에 대한 조정 대신들의 부정적인 여론을 잘 알고 있었기에 이들만 잘 감시하여 통제하면 안정적으로 정책을 펼칠 수 있다고 생각했다.

또한 새로운 인재들을 대거 발탁하여 자신의 통치 철학을 지지하게 만들었다. 특히 지방에서 인재들을 등용했는데 이는 중앙 정치에 타성이 젖은 낡은 관료들을 대폭 물갈이하겠다는 뜻이었다. 과거제도도 한껏 활용했다. 그녀는 급제한 인재들을 직접 면접하며 세심하게 자리를 배정하는 이른바 전시제도(殿試制度)를 처음 만들었다.

무측천은 또 서적을 편찬한다는 명목으로 공부한 사람들을 두루 궁으로 불러들였다. 그런 다음 그들에게 조정 정책에 대해 다양한 의견을 발표하게 하고 각지에서 날아드는 보고와 진정서를 처리하도록 했다. 이들은 궁의 남쪽 문으로 다니지 않고 북문으로 다닌다 하여 북문학사(北門學士)라 불렸다.

무측천은 지난날 과거시험이 문과에 한정된 것을 바꾸어 무과 시험을 전격 신설하여 무예가 높고 강한 사람을 선발하고 중용하였다. 자신을 보호하기 위한 친위대와 국방력 강화를 동시에 염두에 둔 절묘한 정책이었다. 심지어 적진의 인재를 빼내오기도 했다. 즉위 초기에 수나라 양주의 주요 책사인 유원(劉苑)이 간첩죄로 붙잡혔다. 무측천이 직접 심문에 나섰는데 유원은 자신의 혐의를 부인하면서 무측천을 향해 무(武)와 주(周)는 양립할 수 없다고 심한 욕을 퍼부었다. 하지만 무측천은 유원을 처벌하지 않고 오히려 그를 예부시랑(禮部侍郞)에 임명했다. 유원은 무측천의 정치적 아량에 감격하여 눈물을 흘리며 충성을 맹서했다.

무측천의 중요한 비서였던 상관완아(上官婉兒)는 원래 무측천에 의해 죽임을 당한 상관의(上官儀)의 손녀였다. 이 때문에 상관완아는 어려서부터 원한이 뼛속까지 사무쳐 있었다. 그러나 무측천은 상관완아의 재능을 높이 평가하고 실제 행동으로 그녀를 감화시켰다. 그로 인해 상관완아는 무측천의 가장 가까운 사람이 되었다.

동북쪽 거란(契丹)의 추장 이해고(李楷固)는 과거 여러 차례 당나라 군대를 대파한 적이 있고, 또 여러 차례 변경을 침범하여 당나라의 큰 근심거리로 떠오른 인물이었다. 부측천은 가장 신임하는 적인걸을 보내 결국 이해고를 잡았다. 이해고는 장안으로 압송되었으며 조정의 문무 대신들은 당연히 그가 참수당하리라 예상했다. 하지만 무측천은 대신들의 요청에도 불구하고 이해고를 사면하고 대장군에 임명했다. 게다가 병력을 이끌고 거란을 공격하게 했다. 이에 감동한 이해고는 무측천에게 충성을 맹서했다. 이해고가 거란 정벌에 승리하자 무측천은 그를 연국공(燕國公)에 봉하고 특별히 자신과 같은 무(武)씨 성을 내려주었다.

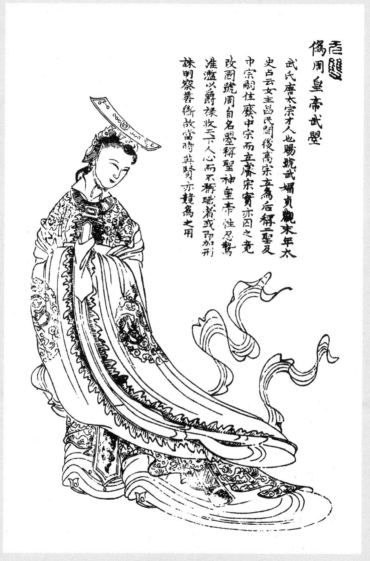

唐鑑
僞周皇帝武曌

武氏唐太宗才人也賜號武媚貞觀末年太
史占云女主昌後高宗立為后釋二聖及
中宗嗣位廢中宗而立睿宗寳亦囚之竟
改國號周自名曌稱聖神皇帝性忍鷙
准漁以爵禄收天下人心而不稱職者或即加刑
誅明察善術故當時羣賢亦競為之用

무측천의 초상화

조정 내 내신들과의 관계도 직접 나서 중재하고 조정했다. 한번은 신임 재상 적인걸이 전임 재상 누사덕(婁師德)에게 편견을 가진 것을 알고는 그 자리를 누사덕이 추천한 걸 아냐며 적인걸을 부끄럽게 만들었다. 적인걸은 "누공의 도량을 보잘 것 없는 나로서는 도저히 따를 수 없구나!"며 탄식했다. 누사덕에 대한 적인걸의 태도는 이후 완전히 바뀌었고, 두 사람은 마음을 합쳐 무측천을 보필했다.

무측천의 시대는 당 태종의 정관 연간 못지않은 전성기를 구가했다. 신구 대신들이 서로 협력하여 충분히 능력을 발휘하며 무측천의 혁신 정치를 도왔다. 당나라는 날로 번창했고 수도 장안은 70개국 이상의 사신들로 북적거렸다. 동서 문화교류는 전례 없이 활발했고, 온갖 문물과 문화가 당나라의 위상을 더욱 빛나게 만들었다.

중국 역사상 유일무이한 여황제

70세가 넘자 무측천의 정치력은 전과 같지 않았다. 그녀의 총애를 받는 남총(男寵, 권력자가 좋아하는 남자) 장역지(張易之)와 장창종(張昌宗) 형제가 조정 일에 간섭하기 시작했고, 조카와 자녀들까지 설쳐댔다. 여기에 이씨 종친들도 당나라를 회복하기 위한 행동에 나서기 시작했다. 이런 상황에서 무측천은 결단을 내리지 못하고 머뭇거렸다.

74세의 무측천은 어느 날 적인걸에게 물었다.

"짐이 어젯밤 꿈에서 큰 앵무새 한 마리를 보았는데 양 날개가 부러졌더이다. 경이 보기에 무슨 징조 같소?"

"앵무새의 무(鵡)는 무(武)를 뜻하니 바로 폐하를 말하는 것입니다. 양 날개는 폐하의 두 아들 이현과 이단을 말합니다. 폐하께서 만약에 그들을 등용한다면 양 날개는 쓸모가 있을 것입니다."

이씨들을 불러들이라는 지적이었다. 무측천은 아무 말 없이 고개를 끄덕였다.

다음 날 재상 길욱(吉頊)도 장역지 형제에게 충고했다.

"당신들의 전횡이 이미 조정 대신들의 눈 밖에 났으니 큰 화의 근원이 될 것이다. 너희들 스스로를 보호하길 원한다면 폐하께 이현을 황태자로 임명하라고 권해라."

장씨 형제는 길욱의 말에 동의했다.

698년 초 무측천은 사람을 시켜 이현을 비밀리에 낙양으로 데리고 와서 얼마 뒤 태자로 세웠다. 무씨 집단의 우두머리 무승사(武承嗣)는 태자의 자리를 예약해 두었다가 하루아침에 자리를 잃자 화병으로 죽고 말았다.

하루 종일 병상에 누워 있어야 하는 처지가 된 무측천을 장씨 형제가 시중을 들었고, 대신들은 모두 장씨 형제를 거쳐야 했다. 재상 장간지(張柬之)는 장씨 형제가 무측천에게 제대로 보고를 전하지 않을까 걱정이 되었다. 무엇보다 판단력을 거의 상실한 무측천이 행여나 황제 자리를 장씨에게 물려주면 어쩌나 걱정이었다. 결국 장간지는 궁정 정변을 일으켜 장씨 형제를 제거하고 무측천을 압박하여 이현을 황제 자리에 세워 이씨 당나라 왕조를 회복시켰다.

15년 동안 황제 자리를 지킨 무측천은 황제 자리에서 물러나 낙양의 상양궁(上陽宮)으로 거처를 옮겼다. 그녀는 자신이 육체적 생명과 꿈이 다했다는 것을 직감하고는 이렇게 유언했다.

"나의 황제 호칭을 없애고 무측대성황후(武則大聖皇后)로 불러라. 그리고 건릉(乾陵, 고종이 묻힌 무덤)에 묻고 왕 황후와 초 숙비를 사면하라!"

705년, 82세의 무측천은 상양궁 선거전(仙居殿)에서 눈을 감았다. 7세기를 온 몸으로 살았던 그녀는 한 세기가 넘어가는 690년 중국 역사상 유일무이한 여황제가 되어 15년 동안 그 자리를 훌륭하게 지켰다.

자료에 의하면 무측천이 죽기 전날 대신들은 뒷일을 준비하느라 분주했는데 무엇보다 비문을 놓고 한바탕 난리가 벌어졌다. 그녀에 대한 평가가 쟁점이었다. 칭송하자는 신하들, 공과를 동시에 기록해야 한다는 신하들, 찬탈의 죄를 물어야 한다는 신하들의 논쟁은 식을 줄 몰랐다. 한참 동안 생각에 잠겼던 무측천은 비석은 세우되 내용은 기록하지 말라고 했다. 평가를 후대에 맡기자는 뜻이었다. 이렇게 해서 그녀의 비석은 '무자비(無字碑)'로 남게 되었다. 죽는 순간까지도 냉정하면서 담담하게 상황을 판단했던 것이다.

무측천의 '무자비'

고종의 무덤인 건릉에 있는 무측천의 '무자비'이다. 무측천이 죽음을 앞두었을 때 비문을 놓고 논란이
일자 무측천은 평가를 후대에 맡기자는 뜻에서 내용을 새기지 말라고 했다고 한다.

15 | 맹성 盲聖 | 눈이 멀었다고 정한 일을 결코 포기할 수는 없다

감진(鑒眞, 688~763) **스님**
당나라 스님

당나라의 고승인 감진 스님은 2년 동안 도일을 위해 갖은 고생을 다하고 천신만고 끝에 일본으로 건너가 10년간 일본 불교를 위해 혼신의 힘을 기울였다. 일본과의 약속, 자신과의 약속, 당과 일본 두 나라 백성들을 위한 종교와 문화 교류라는 큰 목표가 스님으로 하여금 목숨을 건 여섯 차례 도일을 주저 없이 감행하도록 했다. 가치 있는 약속과 목표가 있다면 나이는 결코 방해가 될 수 없음을 감진 스님의 삶이 잘 보여준다. 자신의 말과 행동이 어디를 향해 가고 있는지, 누구에게 이롭고 해가 되는지 깊이 새기게 하는 삶이다.

일본에서 찬사를 받는 중국의 스님

'천평지맹(天平之甍)'은 풀이하자면 '천평 시대의 용마루'라는 뜻이다. '천평'이란 8세기 일본 나라(奈良) 시대의 '덴표' 연간(729~749)을 가리키며, 이 시기를 중심으로 헤이조쿄(平城京)를 거점으로 발달된 귀족 문화를 덴표 문화라 한다. 덴표 문화는 견당사(遣唐使, 선진 문물을 수입해오도록 당나라에 파견한 사절) 등에 의해 전달된 전성기 성당(盛唐) 문화의 영향을 받아 국제성이 풍부하고, 국가적 차원의 대규모 정책 등의 영향을 받았는데, 특히 불교적 색채가 강했다.

요컨대 나라 시대와 덴표 연간은 일본이 자주적 고대국가와 문화를 형성해나가는 데 대단히 중요한 시기였다. 그렇다면 이런 덴표 시대의 최고봉이란 뜻을 가진 '천평지맹'이란 무엇을 뜻하는 것일까? 바로 당나라 스님으로 일본에 건너가 불교 전파와 문화에 지대한 영향을 남긴 감진 스님에 대한 일본인의 찬사이다.

감진은 속세의 성이 순우(淳于)였고, 지금의 강소성 양주(揚州) 사람이었다. 어려서부터 승려가 꿈이었는데 우연히 본 불상에 느끼는 바가 있어 출가를 결심했다는 이야기도 전한다. 감진은 701년 14세 때 아버지를 따라 양주 대운사(大雲寺, 훗날 법흥사法興寺로 개명)에 출가하여 뼈를 깎는 노력으로 불법을 공부했다. 2년 뒤 감진은 중국 불교의 메카라 할 수 있는 낙양과 장안에서 유학했다. 10년 이상 고된 학문과 수행 끝에 여러 방면에 두루 통달하고 당대의 고승으로 성장했다. 특히 의학에 정통하여 1천 여 종의 약재를 냄새만 맡고도 구별해낼 정도였다.

732년 감진의 나이 45세 때 일본의 천황이 영예(榮睿)와 보조(普照)라는 승려를 당나라에 보내 당나라의 고승을 초빙하고자 했다. 일본은 당시 세계에서 가장 앞선 경제력과 문화를 자랑하던 성당의 불교를 배우고 이를 일본에 심고자 했다. 영예와 보조는 10년 가까이 중국 각지를 다니며 성당 문물을 관찰하는 한편 일본으로 모셔갈 고승을 물색한 끝에 감진 스님이야말로 적격이라는 판단을 내렸다.

두 사람은 감진 스님이 머물고 있는 양주 대명사(大明寺)를 찾아가 도일(渡日)을 권유했다. 감진 스님 역시 일본으로 건너가 불경을 전하는 한편 일본 사람들을 불교의 교리로 구원하겠다는 원을 세웠다. 또 성당의 문화를 전파하여 두 나라의 관계가 돈독해진다면 두 나라 백성에게 크게 도움이 될 것이라고 생각하고 흔쾌히 수락했다.

742년 감진 스님을 포함한 일행 22명이 갖은 노력 끝에 일본으로 건너갈 준비를 끝냈다. 배를 타고 막 출항하려는데 관아 사람들이 들이닥쳤다. 영예와 보조 스님이 해적과 연계되어 있다는 의심을 받은 것이다. 관리들과 군인들이 배를 이 잡듯이 수색하여 모든 물품을 압수해 가는 바람에 결국 배는 출항하지 못했다.

이듬해인 743년 겨울, 감진 스님은 제자들을 데리고 2차 도일을 준비했다. 배는 순조롭게 항구를 떠났지만 배가 장강에 접어들자 광풍이 몰아쳤다. 강물이 뱃머리를 때리고 물이 배 안으로 사정없이 밀려 들어왔다. 일행은 살을 에는 추위에도 불구하고 물속으로 들어가 배를 밀었다. 다음 날 기본적인 수리를 끝내고 다시 바다로 나갔지만 이번에는 대형 태풍을 만났다. 으르렁거리는 파도가 배를 파도 속으로 처넣었다. 배는 암초에 부딪쳐 난파되었고, 일행은 간신히 무인도로 피신했다. 물도 먹을 것도 없는 무인도에서 죽음과 사투를 벌이던 일행은 다행히 며칠 뒤 어부에게 구조되었다.

이처럼 감진 스님의 도일은 참으로 기구한 우여곡절을 겪었다. 세 번째, 네 번째 시도도 이런저런 장애와 방해 때문에 수포로 돌아갔다. 하지만 감진 스님은 포기하지 않았다. 748년, 환갑을 앞둔 감진 스님은 다섯 번째 도일을 시도했다. 이번에도 배는 풍랑과 씨름하며 한 달 넘게 바다를 떠돌았다. 물과 음식이 떨어져 바닷물을 걸러서 마시고 생쌀을 씹어 먹었다. 또 한 번 죽음의 그림자가 감진 스님 일행을 덮쳤고 오로지 부처님의 가호와 강인한 의지로 버텼다. 배는 표류 끝에 오늘날 중국 남쪽 바닷가의 큰 섬인 해남도(海南島)에 불시착하며 이번에도 도일은 실패로 끝났다.

환갑을 넘기고 노년으로 접어든 감진 스님의 몸은 연이은 충격으로 만신창이가 되었다. 고생고생하며 모은 불경, 불상, 양식, 공예품 그리고 향료와 약품 등을 모두 섬에서 소비할 수밖에 없었다. 하지만 감진 스님은 해남도에서 부처님의 자비를 실천으로 옮겼다. 남산사(南山寺)라는 사찰을 세워 해남도에 불법을 전파한 것이다. 그런데 안타깝게도 10년 가까이 고락을 같이 해온 영예 스님이 고생 끝에 병을

감진 스님의 초상화

감진 스님은 성당의 문화를 일본에 전하기 위해 무려 여섯 번의 시도 끝에 일본으로 건너갔다. 일본에서
큰 환대를 받은 감진 스님은 불교뿐 아니라 의학 지식을 일본에 전해 일본인들의 많은 존경을 받았다.

얻어 사망했다. 제자들도 죽거나 떠났다. 관아도 도움은커녕 계속 간섭만 했다. 심신이 지칠 대로 지친 감진 스님의 몸에도 문제가 생겼다. 지나친 피로와 심려 때문에 두 눈이 보이지 않게 된 것이다.

하지만 실명도 감진 스님의 결심을 꺾을 수는 없었다. 감진 스님은 두 다리를 잃고도 끝내는 원수를 갚은 손빈, 성기를 자르는 궁형을 받고도 천고의 역사서 『사기』를 후대에 남긴 사마천, 숱한 고생 끝에 인도에서 불경을 구해 온 현장(玄奘) 스님을 생각했다. 눈이 멀었다고 자신의 일을 결코 포기할 수는 없었다. 감진 스님은 여섯 번째 도일을 시도했다.

753년 10월 24일, 감진 스님을 태운 배가 해남도 항구를 떠났다. 지성이면 감천이라 했던가! 배는 7일 간의 항해를 마치고 마침내 일본에 도착했다. 12년에 걸친 감진 스님의 소원이 이루어졌다. 그때 스님의 나이 66세였다.

일본에서 잠든 '눈먼 성인'

————

당나라 승려가 건너왔다는 소식에 일본 열도가 들떴다. 수많은 인파들이 몰려와 감진 스님에게 절을 하며 환영했다. 고켄(孝謙) 천황도 기쁜 나머지 감진 스님을 특별히 봉양하도록 지시하는 한편 직접 수계(受戒)를 받고 불교에 귀의했다. 천황뿐만 아니라 천황의 부인, 황태자, 고급 관료, 귀족들이 앞을 다투어 감진 스님의 수계를 받고 불교도가 되었다. 감진 스님은 일본 불교계 전체를 책임지는 전등대법사(傳燈大法師), 대도승(大都僧) 등의 중책을 맡았다. 감진 스님의 존재는 그 자체로 일본 불교계는 물론 문화 전반에 새로운 활력소가 되었다.

천황과 일본인들의 두터운 신망에 보답하기 위해 감진 스님은 자신의 모든 것을 쏟아부었다. 스님은 듣는 것과 말하는 것에 의존하여 일본말을 배웠다. 감진 스님은 풍부한 경험과 학식 그리고 감화력을 바탕으로 실천 가능한 계획을 하나둘 세워 실행에 옮겼다.

천황과 일본인의 전폭적인 지지를 받은 감진 스님은 당시 종교와 문화의 중심지였던 나라(奈良)에 도쇼다이지(唐招提寺) 창건하여 불법을 공부하는 승려들에게 숙식과 수련 장소를 제공하였다. 일본에서의 불교 보급은 이로써 급물살을 탔다.

의학과 약에 정통했던 감진 스님은 약품의 변별법과 보관, 조제와 복용법을 모두 알려주었다. 이로써 감진 스님은 훗날 일본 의학계의 시조가 되었다. 나라 시대로부터 천 년이 지난 에도(江戶) 시대(1603~1807)까지 약품을 담는 부대와 포장지 등에 감진 스님의 초상화가 있었으니 영향이 얼마나 대단했는지 충분히 알 수 있다. 감진 스님과 함께 건너간 기술자들은 당나라의 선진 기술을 전수했다. 그리고 모두 일본 조정과 일본인들로부터 큰 존경을 받았다. 감진 스님은 일본 율종(律宗)의 개산조로 추앙되었고 동시에 의약과 의학의

대명사의 도쇼다이지 금당

감진 스님은 자신이 창건한 일본의 도쇼다이지에서 영면했다. 중국 대명사에는 도쇼다이지의 금당을
그대로 재현하고 있다.

감진 스님의 좌상

일본의 국보로 지정된 감진 스님의 좌상이다. 감진 스님이 영면한 이후 제자들이 만든 것으로 도쇼다
이지에 봉헌되어 있다. 감진 스님의 상은 눈이 먼 스님의 정신세계를 잘 표현하고 있다. 프랑스의 작
가 앙드레 말로는 "동양의 신비를 남김없이 전하고 있다"는 말로 극찬했다.

시조로 받들어졌다. 민간에서는 설탕 제조, 재봉, 두부 제조, 간장 제조의 시조, 서예와 건축의 대가로 존경받았다.

감진 스님은 일본에서 삶의 마지막 10년을 보냈다. 763년 76세의 스님은 이승에서의 삶이 다했음을 직감했다. 스님은 좋은 날을 택하여 도쇼다이지에서 영면했다. 스님은 조국이 있는 서쪽을 향해 앉은 채 눈을 감았다.(불교에서는 이를 '앉아서 세상을 떠나다'는 뜻의 '좌화 坐化'라 한다.)

기록에 따르면 감진 스님이 성불하자 제자들이 정성을 다해 스님의 좌상을 만들었다고 한다. 높이 2척 7촌으로 스님의 앉은키와 같은 크기로 만들어 도쇼다이지에 봉헌했다. 이 좌상은 일본의 최고 국보로 지정되어 매년 스님의 기일 때마다 사흘 동안 개방하고 있다. 후세 사람들은 감진 스님을 '맹성(盲聖)', 즉 '눈먼 성인'으로 부르며 존경의 마음을 나타냈다.

16 월하독작

月下獨酌

달빛 아래서
혼자 술잔을 기울이다

이백(李白, 701~762)
중국의 시인

천 년이 넘는 세월 동안 사람들의 입에 오르내린 시선(詩仙) 이백은 한순간의 처신 때문에 큰 잘못도 없이 철저하게 배척당했다. 병과 굶주림이 말년에 그를 엄습했지만 이에 맞서지도 굴복하지도 않았다. 그는 오로지 시로 화답했다. 이백의 삶은 '낭만' 그 자체였다. 젊은 날 그의 낭만이 호탕하고 통쾌했다면, 말년은 고독하고 처연했다. 이백은 평생을 달을 잡으려 했고, 끝내는 강물에 뜬 달 속으로 사라졌다. 유명한 '월하독작'이라는 시는 달빛을 받으며 홀로 술잔을 기울이는 이백의 모습이 절로 떠오르게 한다.

시의 황금시대, 당왕조

————

8세기 들어 중국 문학은 시(詩)라는 분야에서 놀라운 성공을 거두었다. 중국 제2의 황금시대로 불리는 당나라의 전성기, 성당(盛唐) 시기는 시의 황금시대이기도 했다. 정치의 황금시대가 마무리된 다음에도 시의 황금시대는 계속되어 200년 넘게 최고봉을 유지했다.

세계 어떤 문학 작품도 다른 문자로 번역될 수 있지만 한시(漢詩)만큼은 불가능에 가깝다고 한다. 설사 절세의 기막힌 재능을 가진 자가 다른 모든 나라의 시를 번역할 수 있다 해도 중국의 한시만큼은 힘들다는 것이다. 한시는 단어들이 감추고 있는 의미가 너무 많아 번역할 때 주를 달지 않으면 안 된다. 그렇게 되면 시의 맛은 완전히 사라져 버린다. 한자는 중국 한시의 주요한 성분으로 글자의 배열 조합과 애매모호한 의미에 의지하여 일종의 그림과 같은 시의 (詩意)를 만들어냈다. 따라서 중국의 한시는 외국어로 번역하기 불가능할 뿐만 아니라 중국의 현대어인 백화(白話)로도 번역할 수 없다. 한시는 한문으로 발휘한 최고의 예술이다.

기원전 12세기 『시경(詩經)』의 시대에 시는 세 글자(삼언) 또는 네 글자(사언)가 한 구절을 이루었다. 4세기에 와서야 비로소 다섯 글자 (오언)가 한 구절을 이루는 단계로 진보했다. 그리고 6세기 수 왕조가 중국을 통일하면서 다시 일곱 글자(칠언)로 진보하면서 시의 형식이 완성되었다. 7세기 여황제 무측천이 시를 과거시험의 주요 과

목에 넣어 지식인의 필수 과목으로 활짝 꽃을 피웠고 더욱 널리 보급되었다. 그리고 당 왕조 때 중국의 가장 위대한 시인의 절반 이상이 태어났다.

풍부한 상상력과 자유로운 영혼

이백, 슬픈 운명의 이 낭만 시인은 중국 문학사에 영원히 그 이름을 남길 위대한 시인이다. 이백은 본적이 성기(成紀, 감숙성 진안)이다. 그러나 태어나기는 서역 쇄엽성(碎葉城, 키르기스스탄 토크마크)에서 태어나 어머니가 외국인일 가능성이 있다. 어린 시절에는 면주(綿州) 창명현(昌明縣, 사천성 강곡)에서 생활했고 술 좋아하기로 유명하다. 이백은 낙천적이어서 인생과 관련된 현실적 분위기를 담고 있는 시는 거의 드물다. 그는 풍부한 상상력의 소유자였으며, 유가학파의 시조인 공자를 경멸하고 비웃었다. 이 점은 전통적이고 보수적인 지식인에게 가장 부족한 것이었다. 이 때문에 그는 보통 사람들이 중시하는 권력과 부귀를 뜬구름처럼 여겼다.

이백이 시구를 구사하는 솜씨는 마치 마술사가 자신의 손을 다루는 것과 같이 변화무쌍하고 자유자재였다. 중국 사람들은 그런 그를 '시선(詩仙)'으로 높여 부른다. 그의 대표작 가운데 하나인 '장진주(將進酒)'를 감상해 보자.

그대는 보지 못했는가

황하 물이 하늘에서 흘러내려

세차게 바다로 가서는 다시 오지 않는 것을?

그대는 보지 못했는가

고대광실 밝은 거울 앞에

하얗게 센 머리 슬퍼하고 있는데

아침에는 푸른 실 같던 것이 저녁에는 눈처럼 변한 것을?

인생이란 잘 나갈 때 즐겨야만 하는 것이니

금 술잔 부질없이 달이나 쳐다보고 있지 않게 하게나.

하늘이 나라는 인재를 내신 것은 쓰일 데가 있기 때문이니

돈이란 있는 대로 다 써버린다 해도 다시 돌아오기 마련이네.

양 삶고 고기 잡아 놓고는 그저 즐길 일이니

모름지기 한 번 마셨다 하면 삼백 잔은 마셔야지.

잠형! 단구군! 술잔 권하노니 멈추지 말고 들이키게나!

그대들 위해 노래 한 곡 부를 것이니

부디 날 위해 귀 기울여 주시게나!

풍악 울리며 귀한 음식 먹는 일이야 소중한 일 아니니

다만 늘 취하여 다시 깨어나지 않길 바랄 뿐이네.

예부터 성현들 있었다지만 모두 이름 잠잠해지고

오직 술 마신 사람들만 이름 남기고 있네.

진왕 조식이 옛날 평락에서 잔치할 적엔

천만금 나가는 술도 몇 말이고 마시며 즐기게 했디네.

주인장은 어찌 하여 돈 타령을 하는가?

당장 술 받아다가 모두 함께 대작해야지.

오색 명마와 천금 갑옷 내줄 것이니

아이 불러 가지고 나가 좋은 술과 바꿔 오도록 하게.

그대들과 함께 마시며 만고의 시름 녹여보려 하네.

일설에 의하면 이백은 3세 때 어른들이 신선에 관해 이야기하는 것을 듣고는 달은 신선의 거울이라고 말하고, 또 신선이 거울을 비추고 있는 것을 보았다고 한다. 12세 때 아버지의 권유로 한나라 때의 문장가 사마상여의 「자허부」를 읽고는 그 문장에 나오는 운몽대택(雲夢大澤)의 산천초목과 사람 사는 인정세태를 설명해냈다고도 한다. 굴원(屈原)의 『이소(離騷)』와 『장자(莊子)』를 읽고는 만 리 앞을 내다보는 상상력을 기르는 등 이백은 시선이 될 자질을 길러나갔다.

이백은 뜻이 원대하고 성품이 고결했다. 그는 명성을 위해 학문을 이용하면 갈수록 바보가 되고 말 것이라고 판단하여 과거에 응시하지 않았다. 이백은 자신이 넘쳐흘렀다. 그는 자신을 춘추시대 관중(管仲)이나 삼국지의 영웅 제갈량, 그리고 위진남북조 시대의 명사 사안(謝安) 등에 비유하면서 바보들이나 보는 과거 따위와 같은 시험을 통해서가 아니라 언젠가는 자신의 재능을 꼭 필요로 할 날이 올 것이라고 확신했다.

이백의 초상화

이백이 술잔을 들고 있는 모습이다. 술은 이백에게 가장 친한 친구이자 죽는 순간까지 함께했던 친구였다.

개원 12년(724), 24세의 창창한 이백은 천하를 여행하며 떠돌기 시작했다. 광활한 중국 대지의 풍광을 감상하며 시를 짓고, 마음에 맞는 친구를 사귀면서 재능을 펼칠 기회를 찾았다. 술은 시와 낭만을 빛나게 해주는 둘도 없는 친구가 되어 늘 그와 함께 했다. 그의 시는 세상에 알려지기 시작했고, 호방하고 신비로운 시에 놀란 사람들은 그에게 '시선'이니 '적선(謫仙)'이니 하는 별칭을 붙여주었다.

이백은 불혹의 나이를 넘긴 41세에 장안으로 왔다. 당시 세계에서 가장 크고 번창했던 당나라의 수도 장안은 이백의 눈과 마음을 사로잡았다. 이국적인 풍물과 서역 여자들이 넘쳤고, 사람들은 술과 시와 노래에 흠뻑 빠져 있었다.

이백보다 40년 이상 앞서면서 이백을 친구처럼 생각했던 시인 하지장(賀知章, 659~744)이 이백을 황제에게 추천했다. 이백은 과거 시험이 아닌 추천으로 순조롭게 대명궁(大明宮) 한림원(翰林院)에 들어갔다. 황제 현종(玄宗) 이융기(李隆基)가 이백을 직접 접견하고 그의 유창한 문장력과 뛰어난 재능을 알아보았다. 현종의 인정을 받았던 이 시기에 이백은 '칠보상사식(七寶床賜食)', '고력사탈화(高力士脫靴)', '양귀비마연(楊貴妃磨硯)'과 같은 훌륭한 작품들을 써 나갔다.

그러나 당시 현종의 총애를 받던 양귀비와 내시 고력사는 이백의 고결함을 인정하지 않았다. 이들은 현종 앞에서 이백을 헐뜯고 모욕을 주었다. 이백은 이들의 천박한 행동에 낙담하여 마음을 비우고 물러나기를 청했다. 거듭 사직을 청하자 현종도 하는 수 없어 금

현종에게 이백을 추천한 하지장

현종과 시를 쓰는 이백

하지장의 추천으로 궁에 들어간 이백은 황제의 인정을 받으며 훌륭한 작품을 남겼다. 하지만 현종의
총애를 받던 이들로 인해 관직에서 물러나기를 청해 유랑길에 올랐다.

패 하나와 황금 1,000량, 금포옥대(錦袍玉帶), 금안용마(金鞍龍馬)를 내렸다. 이후 이백은 두 번째 유랑길에 올랐다.

24세 때 첫 유랑에 비해 이번은 한결 마음이 편했다. 그는 이미 당대 최고 지식인들로 자처하는 자들로 넘치는 한림을 경험했을 뿐만 아니라 황제의 신임도 받았다. 명성에 대한 미련이 없지는 않았지만 명성을 갈구하던 젊은 날의 유랑과는 분명 달랐다.

그는 황제로부터 받은 돈과 패물을 아낌없이 쓰며 전보다 더 많은 시인 친구들과 술친구들을 사귈 수 있었다. 이 무렵 이백의 삶은 더는 부러울 것 없었다. 이 모든 것이 시의 소재가 되었고, 이백의 창작은 최고봉에 올랐다.

당시 이백의 삶과 정신세계를 잘 나타내는 '달빛 아래서 혼자 마시는 술'이라는 뜻의 '월하독작(月下獨酌)'의 일부를 감상해 보자.

하늘이 만일 술을 사랑하지 않았다면
주성(酒聖)이 하늘에 있었겠는가?
땅이 만일 술을 사랑하지 않았다면
땅에 주천(酒泉)이 없었을 것이다.
천지가 이미 술을 사랑하였으니
술을 즐기는 것이 부끄러울 것 없다.
청주(淸酒)를 성인에 비유한단 말을 들었고
독주(獨酒)를 현인과 같다고 하지 않았는가?

성현도 이미 술을 마셨거늘
하필 신선을 구할 필요가 있겠는가?
석 잔 술을 마시면 도를 통하고
한 말 술을 마시면 자연으로 돌아간다.
이것이 술에 취하여 얻어지는 것
술 깬 사람을 말하지 말아라.

그러나 몇 년 뒤 이백은 자신의 삶에 천추의 한으로 남을 실수를
저질렀고, 이것이 그의 말년을 비참하게 만들었다.

달빛과 함께 사라진 시선

755년 11월, 이백의 나이 55세 때 안녹산(安祿山)과 사사명(史思明)은
20만 대군을 이끌고 범양(范陽)에 돌아왔다. 이들은 병력을 바로 남
쪽으로 진격시켜 하북 지역의 여러 군들을 함락했다. 안녹산의 난
(안사의 난)이 터진 것이다. 양귀비의 오라비인 양국충(楊國忠) 등이
안녹산을 계속 자극한 것이 화근이었다. 게다가 늘그막에 양귀비에
빠진 현종은 집권 초반기의 열정과 냉정한 판단력을 완전히 상실한
채 향락에 몸을 맡겼다. 수도 장안이 맥없이 무너졌고, 현종은 처량
한 신세가 되어 피난길에 올랐다.

아무런 걱정 없이 천하를 유람하던 이백도 난을 피해 남쪽으로 피난길에 올랐다. 안녹산의 난이 터지자 황실은 이에 맞서 황실을 보위하기 위한 근왕병을 구성했다. 한 축은 태자 이형(李亨)이 맡았고, 또 한 축은 이형의 동생과 영왕(永王) 이린(李璘)이 맡았다. 태자 이형은 서북 일대에서 세력을 결집했고, 이린은 동남 지역에서 결전을 준비했다. 당시 강서(江西) 여산(廬山)에 있던 이백은 강렬한 애국심으로 자신과 가까이에 있던 이린에게 몸을 맡겼다. 이린 역시 이백을 좋아하여 이백을 중용하려 했다.

태자 이형은 이린의 세력이 자신의 미래를 위협할 것을 걱정하여 현종을 태상황으로 삼아 보좌에서 물러나게 하는 한편 이린을 소환했다. 잠재적 정적을 가까이에 두고 감시하려는 의도였다. 하지만 이린이 명을 거부하자 반역자로 규정하고 토벌령을 내렸다. 얼마 뒤 이린의 군대는 패했고, 이린은 살해되었다.

이백은 내전의 창칼과 죽음으로부터는 피신했으나 여산으로 돌아가던 중 관병에게 체포되어 반역죄로 옥에 갇혔다. 불행 중 다행으로 마침 강서에 있던 대장군 곽자의(郭子儀)가 이백을 구해냈다. 곽자의는 약 20년 전 이백의 도움을 받은 적이 있었다. 하지만 이린을 도왔던 이백에 대한 이형의 불편한 심기와 이런저런 오해는 풀 길이 없었다. 이형은 이백을 죽이지는 않았지만 그를 저 멀리 남쪽 지방의 야랑(夜郞, 지금의 귀주성 준의 부근)으로 내쳤다.

이백은 환갑이 다 된 나이에 수갑과 족쇄를 차게 되었다. 늘 호탕

명장 곽자의

곽자의는 안녹산의 난 때 크게 활약한 장수이다. 난을 피해 피난길에 오른 이백은 반역죄로 옥에 갇혔는데 이때 곽자의가 그를 구해주었다.

하게 술을 즐기며 아무런 근심이 없던 그로서는 견디기 힘들었다. 용모는 시들었고, 등은 눈에 띄게 구부러졌다.

유배지로 떠나는 배는 심양(潯陽)을 출발하여 장강을 거슬러 올라갔다. 장강을 거슬러 오르는 배는 속도가 느렸다. 한참 만에 호북(湖北)에 이르렀다. 이백은 천여 년 전 전국시대 초나라의 애국시인 굴원이 이 지역 멱라수에 스스로 가라앉아 자결한 사실을 생각하자 처연한 감정을 주체하지 못하고 눈물을 흘렸다. 배는 항해를 계속해 입동이 되어서야 30년 전 와 보았던 삼협(三峽)에 이르렀다. 황우산(黃牛山) 아래에 이르렀을 때는 높은 산 바위만 보였다. 배는 사흘 밤낮을 운행했지만 그것들을 다 볼 수는 없었다.

이백은 당시 자신이 썼던 "양안의 원숭이 소리 끊임없고, 작은 배는 첩첩산중을 지나네"라는 구절을 떠올리고는 자신이 탄 배가 너무 느리다는 것을 느꼈다. 문득 이백은 북받쳐 오르는 감정을 주체하지 못하고 '삼협에 올라'라는 뜻의 '상삼협(上三峽)'을 읊었다.

무산(巫山)은 푸른 하늘을 끼고
파수(巴水)는 이렇게 세차게 흐르는구나.
파수는 문득 끝날 수 있겠지만
푸른 하늘에는 이를 수가 없구나.
사흘 아침을 황우산에 오르더니
사흘 저녁은 이리도 더디게 가는구나.

사흘 아침, 사흘 저녁

귀밑머리가 실처럼 변한 것도 몰랐더라.

이백이 남쪽 귀주로 내려갈 채비를 하고 있을 때 희소식이 날아
들었다. 조정이 큰 가뭄으로 인한 민심수습 차원에서 사면령을 내렸
는데 거기에 이백의 이름도 들어 있었다. 이백은 새가 새장을 나온
듯 뛸 듯이 기뻐하며 동쪽을 향해 머리를 숙였다.

이백은 벼슬을 비롯하여 세속에 대한 모든 욕망과 미련을 끊고
더 많은 하층민과 교류했다. 안휘성(安徽省) 남부에 이르러서는 왕륜
(王倫)이란 농민을 사귀어 모든 것을 초월한 우정을 나누었다. 이백
은 왕륜을 떠나면서 '증왕륜(贈王倫)'이라는 시를 지었다.

762년 안녹산의 난이 마침내 평정되었다. 이해에 당도(當塗, 지금
의 안휘성 당도현)를 유랑하던 이백에게 굶주림과 병이 급작스럽게 겹
쳐왔다. 이백은 눈을 감고 지난 일들을 회고했다. 회한(悔恨)이 밀려
왔다. 천천히 눈을 떴을 때 이백의 눈앞에는 밝은 달빛이 침상을 환
히 비추고 있었다. 갑자기 흥이 일어 술 단지를 꺼내든 이백은 스스
로에게 술잔을 권하며 시를 읊었다. 만취한 이백은 강가를 거닐다가
배에 올라 달빛을 향해 배를 저었다. 강물에 비친 달이 마치 하늘에
뜬 달처럼 보였다. 이백은 달을 잡으려 몸을 굽혔다. 그 순간 달과
함께 강물 속으로 사라졌다.

달빛을 받으며 홀로 술잔을 기울이는 이백의 모습을 절로 떠올리게 하는 말년의 시 '월하독작(月下獨酌)'과 호기 넘치던 젊은 날 모습을 그리워하게 만드는 '협객행(俠客行)'을 감상해 보자.

달빛 아래서 혼자 술잔을 기울이다

꽃 사이에서 한 병의 술을
홀로 마시며 벗하는 이 없다.
술잔 들어 밝은 달을 초대하고
그림자 마주하여 세 사람이 되었다.

협객행

조(趙)의 나그네 호영(胡纓)이
서릿발처럼 빛나는 오구(吳鉤)를 휘두르며
은빛 안장의 백마에 높이 올라타고
유성처럼 천하를 누비다.

열 걸음마다 한 사람을 죽이고
천 리를 달려도 멈출 줄 모르더니
할일이 끝나면 소매를 떨치고 떠나며
자신의 이름을 숨기다.
신릉군(信陵君)의 식객인
주해(朱亥)와 후영(侯嬴)은
항상 검을 뽑아 무릎 위에 올려놓고
담소하며 술잔을 기울이더니,
석 잔의 술을 마시며 쾌히 승락하면
그 약속은 오악(五嶽)보다 무겁고
술이 얼큰해지면 그 위엄이 무지개처럼 뻗쳐나다.
조나라를 구하기 위해 금추(金鎚)를 휘두르니
먼저 한단 땅이 놀라 진동하다.
천추에 이름을 빛낼 두 장사는
대량성(大梁城)에서 혁혁한 명예를 드날리다.
그 협골(俠骨)의 향기 영원히 남아
후세의 영웅들의 모범이 되었다.
그 누가 그들을 말할 때
머리 숙여 감탄하지 않으리!

17 | 금궤지맹

金櫃之盟

맹서를 새겨 후대에 전하다

조광윤(趙匡胤, 927~976)
송나라 태조

중국 역사상 크게 부각되지는 않았지만 제왕의 덕을 갖춘 황제가 바로 송
나라를 세운 조광윤이다. 조광윤은 끝까지 자기 단속을 게을리 하지 않으
면서 검소한 생활을 견지했다. 단지 후계 문제를 놓고 몇 가지 실수를 하
였는데 그것이 삶 전체에 오점이라고 할 수는 없다. 죽음에 의문이 남긴
했지만 황제 자리는 별 문제 없이 동생 조광의에게 넘어갔고, 정국은 동요
하지 않았다. 만약 그 때문에 정국이 혼란에 빠져 백성들의 삶에 악영향을
미쳤더라면 그에 대해서는 다른 평가가 따랐을지도 모른다.

사치와 방종을 멀리한 황제

조광윤은 순수한 무인 출신으로 21세 때 집을 떠나 각지를 전전하다가 23세에 후주 태조 곽위(郭威)의 휘하에 들어가 군인 생활을 시작했다. 평소 그의 능력을 아끼던 후주 세종 시영이 즉위하자 그를 따라 북한과 남당 정벌 전쟁에서 탁월한 전공을 올려 30세 약관에 정국군절도사가 되었다. 31세에 성군절도사가 되었다가 세종이 죽은 뒤 33세에는 전전도점검과 귀덕군절도사를 지냈다. 960년 정월 34세 때 진교(陳橋)의 정변으로 후주의 정권을 탈취하고 마침내 송을 건국했다.

조광윤은 머리끝부터 발끝까지 무인이었지만 황제가 된 이후에는 인문과 교육을 나라를 다스리는 기본 국책으로 삼고 이를 실천함으로써 사상과 문화가 번영을 누리는 '황금시대'를 열었다. 이와 함께 송 시대는 중국 역사상 거의 유일한 지식인 사대부들의 낙원이 되었다. 조광윤은 송 왕조를 개창한 다음 이렇게 선언했다.

"이 왕조는 사대부들과 천하를 공유할 것이다!"

황제 자리에 오른 조광윤은 후주의 옛 신하들을 적극 자기편으로 끌어들여 정국을 안정시켰다. 이와 동시에 중앙집권을 공고히 하고 강화하기 위하여 일련의 조치를 채택하였다. 예를 들어, 지방 세력을 약화시키고, 지방의 재정을 중앙에서 통제하고, 재상의 권력을 약화시키는 한편 수리 사업과 생산 발전, 황무지 개간과 양잠 등을

신하들과 공차기를 하는 조광윤

조광윤은 황제로 즉위한 뒤에도 사냥과 공차기를 좋아했는데 황제로서 몸가짐이 중요함을 깨닫고 바로 취미를 버렸다.

적극 격려했다.

조광윤이 진시황, 한 무제, 당 태종에 비해 뛰어났던 점은 왕조를 통일하고 안정시킨 다음에도 결코 교만하게 굴지 않았으며, 특히 말년에도 사치와 방종을 멀리 했다는 데 있다. 명나라 소설가 풍몽룡(馮夢龍)이 지은 『경세통언(警世通言)』 중 '송태조천리송경양(宋太祖千里送京孃)'이란 이야기에는 이런 대목이 나온다.

"송나라 황제들은 여색을 탐하지 않았는데, 이는 모두 태조 황제가 자손에게 물려준 좋은 점이다. 태조는 출세하기 전에도 확고부동한 대장부였고, 그 후로도 앞만 보며 다른 곳에 물들지 않았다."

이처럼 조광윤은 천자가 된 뒤에도 바른 생활을 고수했다. 각지에서 올라온 막대한 재물과 금은보화는 전란에 대비해 비축해 놓으며 자식들에게 이렇게 말했다.

"천자로서 나는 재물을 지킬 필요가 있다. 어찌 함부로 쓸 수 있겠는가? 옛말에 한 사람이 천하를 다스리지만 천하가 한 사람을 떠받들 수는 없다고 했다. 만약 천하가 한 사람만을 떠받든다면 천하 사람들은 너를 떠날 것이고, 망국이 머지않아 닥치게 될 것이다."

조광윤은 원래 사냥과 공차기를 좋아하였다. 황제에 오른 후에도 이를 즐겨 했는데 툭 하면 사람들을 데리고 멀리 나가 사냥을 하거나 공을 찼다. 그러나 얼마 뒤 그는 '천하의 주인'으로서 말 한 마디, 행동 하나가 얼마나 중요한가를 깨달았고, 바로 취미를 버렸다.

21세 이후 황제로 등극하기까지 13년 동안 각지를 떠돌며 5대 10
국 시대의 혼란상을 목격하면서 백성들이 진정으로 원하는 것이 무
엇인지 몸으로 느꼈을 조광윤이 가장 먼저 눈을 뜬 것은 평화와 그
것을 지키는 지식인의 역할이었다. 용좌에 오른 뒤 그는 망설임 없이
지식인을 대거 중용했고 틈만 나면 무장들에게 이렇게 훈계했다.

"말 위에서 천하를 얻을 수는 있어도 말 위에서 천하를 다스릴
수는 없다. 말 위에서 천하를 지킨다는 것은 더더욱 안 될 말이다."

조광윤의 이 같은 생각은 무장들에게 적지 않은 영향을 주었다.
과거에는 무장과 문신이 만나면 문신이 고개를 숙이고 두 손을 공
손히 모아 인사를 했지만, 이제는 무장들이 공손한 자세로 문신에게
안부를 물어야 했다.

지식인 사대부에 대한 우대는 여기서 끝나지 않았다. 조광윤은
자신이 솔선수범한 것은 물론 후손들에게까지 이 정신을 각인시키
기 위해 특단의 조치를 취했다. 조광윤이 후세에 남긴 다음 맹서는
중국 역사는 물론 세계사적으로도 전무후무한 일이었다.

첫째, (후주 왕조의) 시씨 자손을 (죽이지 않고) 보전하며 죄가 있어도
벌을 주지 않는다.
둘째, 사대부와 (나라를 위해) 글을 올리는 사람을 죽이지 않는다.
셋째, 농민들의 세금을 올리지 않는다.

한 왕조를 뒤엎고 새로운 왕조가 들어서거나 천하를 놓고 다투다 한쪽이 승리하면 전 왕조의 후손이나 패배한 쪽의 우두머리들은 예외 없이 제거되었다. 후환을 없앤다는 명목이었다. 심지어는 동고 동락하며 새로운 정권을 창출하는 데 절대적인 힘을 보탠 공신들조차 가차 없이 처단하는 것이 관례와 같았다. 이는 오랜 전제 왕조체제에 놓여 있었던 중국사의 비극이었다.

그런데 조광윤만은 모두 피해갔다. 그의 여러 행적 중에서 이 점이 가장 돋보인다. 그는 가능한 한 불가피한 살육을 하지 않으려고, 자신의 손으로 뒤엎은 후주 왕조의 후손들에게 전혀 손을 대지 않았으며, 정벌 전쟁에서도 사람을 함부로 죽이지 말고 약탈하지 말라고 장수들에게 신신당부했다. 공신들에 대해서는 술자리에서 차분하게 인생의 의미를 이야기하여 병권을 내놓고 고향으로 은퇴하게 만듦으로써 개국 초기의 '공신숙청'이라는 악성순환의 고리를 끊었다. 이것이 저 유명한 '술잔을 돌리며 병권을 내놓게 한' '배주석병권(杯酒釋兵權)'의 고사다.

조광윤은 비석에 맹서문을 새겨 태묘 안에 모셔놓았다. 황제의 허락 없이는 들어갈 수도 볼 수도 없었다. 다만 새로이 황제가 즉위하면 반드시 태묘에 들어가 이 비석을 읽어야 했다. 이때 황제를 수행하는 사람은 글을 전혀 모르는 일자무식의 환관 한 사람뿐이었다. 나머지는 멀리서 황제의 모습을 지켜봐야 했다. 맹서문의 마지막은 '이 맹서를 어길 때는 반드시 천벌을 받을 것이다'로 끝난다고 한다.

조보의 집을 방문한 조광윤

송나라를 세우는 데 큰 공을 세워 재상이 된 공신 조보의 집을 방문한 조광윤의 모습을 그린 것이다.

5천 년 인류 문명사에서 이렇게 인성(人性)이 번득이는 사례가 몇이나 될까?

　백성에게 부과되는 세금을 더 이상 올리지 않는다는 맹서도 조광윤 자신의 경험에서 나온 결정이었다. 조광윤은 세금을 올리지 않은 것은 물론, 백성들의 삶에 직접적으로 위협이 되는 탐관오리들을 엄격하게 처단하는 데 최선을 다했다. 어떤 면에서는 세금보다 탐관오리들이 훨씬 더 무서운 존재였기 때문이다. 그는 재위 16년 동안 두 차례 대사면을 단행했는데 뇌물 등에 연루된 탐관오리들은 사면 대상에서 제외했다. 이들은 '10대 죄악을 저지른 사형수'와 같이 취급되었다. 또 가능한 한 살육을 피했으면서도 백성들의 피땀을 착취한 대장군 이상 탐관오리는 열 명 넘게 사형에 처했다.

　조광윤이 강력한 의지로 실천한 이러한 조치들은 후대에 적지 않은 영향을 주었다. 실제로 송대 관리들은 전근하거나 승진할 때마다 책임 있는 자리에 있는 관리를 보증인으로 세워야 하는 절차를 거쳐야 했다. 보증인을 세우고도 비리에 연루되면 엄벌에 처해졌고, 보증인까지 연대 책임을 졌다. 따라서 관리가 한 번 잘못을 하면 보증을 서겠다고 나서는 사람이 없었고 비리 연루자는 퇴직 후 받는 각종 혜택대상에서 제외된 것은 물론 죽을 때까지 차별과 멸시의 대상이 되었다. 탐관오리의 후손은 고개를 들고 다닐 수 없었다. 조광윤이 태묘에 모셔두고 신임 황제들이 즉위할 때마다 읽게 한 이 맹서비는 이처럼 역사에 큰 파장을 남겼다.

한편 조광윤은 독서를 좋아했고, 과거 역사에서 교훈을 취했다. 그는 당 태종 이세민을 현군(賢君)으로 평가했다. 그래서 늘 자신을 당 태종과 비교하면서 당 태종을 뛰어넘고자 했다. 한번은 신하에게 이렇게 다짐했다.

"옛날 군주들은 엄격하게 규율을 지키며 잘못을 저지르지 않았소. 당 태종처럼 허심탄회하게 직언과 충고를 받아들이는 것은 아주 좋은 일이었지. 하지만 그가 끝까지 사치를 막고 자신을 통제하며 과오를 범하지 않았다면 얼마나 좋았겠소? 나 자신은 그런 잘못이 없도록 노력하겠소!"

그의 모범적인 행동은 황후 송씨와 후궁들로 하여금 절약을 생활화하는 좋은 전통을 만들었다. 이 전통은 200년 뒤 명 태조 주원장(朱元璋)의 마(馬) 황후가 "송나라에는 어진 사람들이 많았다"고 칭찬할 정도로 큰 영향을 주었다.

동생의 의심을 사게 한 뼈아픈 실수

조광윤도 말년에 실수를 했다. 어머니 두(杜) 태후의 당부를 듣지 않는 바람에 발생한 일이었다. 기록에 따르면, 두 태후는 명문가 출신에다 담력과 학식이 대단했다. 일찍이 아들 조광윤이 진교에서 쿠데타를 일으켰을 때 이 소식을 전해듣고 태연하게 "내 아들이 과연 뜻이 크구나! 마땅히 그렇게 해야지"라고 했다.

961년 두 태후는 병세가 악화되어 임종을 앞두고 있었다. 두 태후는 곁에서 시중을 들던 아들 조광윤에게 물었다.

"네가 어떻게 천자가 되었는지 아느냐?"

조광윤은 병이 위중한 상황에서 그런 이야기가 적당하지 않다며 눈물을 흘렸다. 두 태후가 다그치자 조광윤이 답했다.

"이 모든 것이 조상과 태후께서 쌓은 공덕의 결과입니다."

그러자 두 태후는 고개를 저으면 냉정하게 말했다.

"그렇지 않다. 네가 천자가 될 수 있었던 것은 주나라 세종이 죽은 후 자리를 계승한 임금이 어렸기 때문이다. 만약 다 큰 성인이 자리를 이었다면 네가 그 자리를 빼앗고 천자가 될 수 있었겠느냐? 내 생각에 너의 자리는 동생 광의(光義)에게 물려주는 것이 옳을 것 같다. 나이가 있는 사람에게 군주 자리를 넘기는 것이 사직의 복이니라!"

조광윤은 눈물을 흘리며 두 태후의 유언을 따르겠다고 약속했다. 같이 있던 재상 조보(趙普)는 태후의 유언을 기록하여 금궤에 간직했다. 이것이 역사에서 말하는 '금궤지맹(金櫃之盟)'이다.

'금궤지맹'에 의하면 조광윤이 죽은 뒤 첫 번째 계승자는 그의 큰동생 조광의였고, 두 번째 계승자는 작은동생 조광미(趙光美), 세 번째가 아들 조덕소(趙德昭)였다. 조광의는 조광윤에 의해 개봉부윤(開封府尹)으로 임명되어 계승자로서의 지위를 보장 받았다. 그러나 976년 송나라에 항복한 오월(吳越) 국왕 전숙(錢俶)이 송나라를 방문

태조 조광윤의 초상화

했을 때 조광윤은 파격적으로 25세 된 그의 아들 조덕소를 송주(宋州)로 보내 전숙을 영접하도록 하였다. 이 사건은 조광의에게 많은 생각을 하게 만들었다.

얼마 뒤 조광윤은 낙양을 순시하면서 이전과 달리 동생 조광의에게 자신을 수행하게 했다. 게다가 낙양에 도착했을 때는 느닷없이 수도를 개봉에서 낙양으로 옮기는 것이 어떻겠느냐고 했다. 조광윤이 내세운 이유는 요나라 군대가 남침할 경우 개봉이 목표가 된다는 것이었다. 조광의는 형 조광윤이 개봉을 거점으로 하는 자신의 세력을 배제하려는 것이 아닌가 의심을 품었다. 더욱이 순시에서 돌아온 뒤 조광윤은 작은동생 조광미와의 관계를 강화했다. 조광의는 황제가 자신을 배척하려 한다는 생각을 굳히고 점점 불안에 떨었다. 개봉에는 반란의 기운이 감돌기 시작했다.

967년 10월 20일 밤, 조광윤은 조광의를 불러 국사를 논하였다. 조광윤의 방에서 쳇소리가 들리더니 잠시 뒤 조광의가 뛰어나와 황제의 죽음을 선포하였다. 조광의는 다음 날 황제 자리에 올랐다.

조광윤은 어떻게 죽은 것일까? 어떤 사람은 갑작스럽게 병에 걸려 고통에 몸부림치다 죽었다 하고, 어떤 사람은 조광의와 군대 일을 논의하다 의견 충돌이 일어나 화병으로 죽었다고 한다. 그러나 적지 않은 사람들은 조광윤이 두 태후의 유언을 끝까지 고수하지 못하고 의심과 불안을 살 만한 일들을 했기 때문이라고 생각한다.

18 | 遠謀深慮 원모심려

가족을 돌보고 가풍을 지키다

진성화(陳省華, 939~1006)
북송 시대의 정치가

진성화는 북송 시대의 정치가이자 훌륭한 가장으로 명성을 남기고 있다. 그 스스로도 요직에 있으면서 많은 공을 세웠으나 적절한 시기에 관직에서 물러날 줄 알았다. 또한 가정을 돌보는 것을 매우 중요시하여 세 아들을 모두 훌륭하게 키워냈다. 진성화는 관직에 있는 아들들에게 항상 백성을 사랑하고 깨끗한 정치를 하며 근검절약하라고 가르쳤다. 이러한 자식 교육이 알려지자 황제로부터 상을 받기도 했다. 이른 나이에 관직에서 물러나 차분히 집안을 돌보는 진성화의 말년은 오늘날 우리 사회 지도층들의 행태를 볼 때 적지 않은 시사점을 던진다.

존경받은 진성화의 집안

진성화는 자가 선즉(善則)이고, 낭주(閬州) 낭중(閬中, 지금의 사천성) 사람이다. 송나라가 건국되기 전 5대 10국 시대에 진성화는 후촉(後蜀)의 황제 맹창(孟昶) 밑에서 벼슬을 했다. 송이 촉을 멸망시키자 송 왕조로 귀순하여 농성(隴城)의 주부(主簿) 벼슬을 받았다.

진성화는 총명하고 예리하여 정치적 업적을 많이 쌓았다. 이 때문에 빠르게 승진하여 태자중윤(太子中允)에 올랐고, 이후 광록경(光祿卿)과 같은 고위직과 정치와 정책의 득실을 논의하는 좌간의대부(左諫議大夫) 같은 요직을 거쳤다.

좌간의대부로서 진성화는 다른 문무백관들에 비해 그렇게 뛰어났다고는 할 수 없지만 그를 존중하지 않는 사람은 없었다. 그 이유는 뛰어난 그의 세 아들 때문이었는데, 맏아들 진요수(陳堯叟)와 둘째 아들 진요좌(陳堯佐), 그리고 셋째아들 진요자(陳堯咨)는 모두 진사에 급제했다. 사람들은 진성화 본인까지 합쳐 '한 집안에서 네 명의 진사가 나왔다'는 뜻의 '일문사진사(一門四進士)'라고 칭찬을 아끼지 않았으며, 진성화의 손자사위인 부요유(傅堯俞)도 장원급제한 재원이라 '진문사장원(陳門四壯元)'이라고도 했다.

큰아들 진요수는 평장사(平章事), 우복야(右仆射) 등의 중책을 거쳤고, 진요좌는 여이간(呂夷簡), 왕서(王書)를 이어 재상 자리에 올랐다. 셋째아들 역시 집현원 학사 등 요직을 거쳤다. 진성화의 아들들이 모두 당대의 인재로 명성을 떨치자 황제는 진성화의 자식 교육을 높이 평가하여 상을 내리기까지 했다.

진성화는 나라의 고위 공직자로서의 자세와 삶이 어떤 모습이어야 하는지 실천으로 보여주었다. 그는 자신에게 주어진 일에 진지하게 최선을 다했는데, 일에 집중하느라 병이 날 정도였다. 또 자기 단속에 철저해서 빈틈이 없었다. 황제는 이런 진성화를 존경하여 특별히 탕약을 내려보내기까지 했다. 말년에는 특히 자식들과 집안을 꼼꼼하게 챙겨서 가문의 명성에 흠이 나지 않게 했다.

진성화는 비교적 일찍 나이를 핑계로 관직에서 물러났다. 집으로 돌아온 진성화는 직접적으로 국정에 간여하지 않았지만 늘 관심을 가지며 지켜보았다. 특히 자식들이 나라 정책을 어떻게 하고 있는지를 살폈다. 진성화는 백성을 사랑하고 공평하게 법을 집행하는 깨끗한 정치야말로 신하된 기본 도리라고 생각했다. 아울러 노인을 공경하고 어린아이를 보살피며, 근검절약하는 일은 모두가 갖추어야 할 좋은 덕목이라고 여겼다.

가정생활을 중시한 진성화의 아들 교육

진성화는 무엇보다 가정의 역할을 중시했다. 관직의 높고 낮음, 학식의 깊고 얕음, 인격의 수양 정도 등이 모두 가정으로부터 영향을

진요수

진성화의 첫째아들로 989년에 진사에 장원급제
하면서 관직으로 나아가 여러 자리를 역임했다.

진요좌

진성화의 둘째아들로 988년 진사에 합격하면서
벼슬을 시작해 재상의 자리에 올랐다.

진요자

진성화의 셋째아들로 1000년에 장원급제하여 관
직 생활을 시작했다.

반는다고 여겼다. 가정생활의 작은 일에서 그 사람의 대인관계와 처세의 좋고 나쁨이 나타난다고 보았기 때문이다. 진성화는 이같은 철학과 믿음으로 아내 풍(馮)씨와 함께 자식을 지극하게 키워 뛰어난 인재들로 만들었다.

진성화의 아들들은 진성화 부부의 가르침에 따라 공적인 일에 봉사하면서 결코 사리사욕을 꾀하거나 사치나 쾌락에 빠지지 않았다. 진성화는 아들들이 집에서 무슨 이야기를 하는지, 어떻게 행동하는지에 관심을 가졌다. 오늘날로 말하자면 '근무시간 여덟 시간 외'의 시간을 관찰한 것이다.

한번은 진성화가 집 주변을 산책하다가 마구간에 있던 사나운 말 한마리가 없어진 것을 발견했다. 어찌 된 일인지를 물었더니 말을 관리하는 자가 "한림학사께서 장사꾼에게 팔았습니다"라고 말했다. 한림학사는 셋째아들 진요자를 가리키는 말이었다. 진성화는 크게 화를 내며 "어찌 이런 일이 있을 수가!"라며 당장 진요자를 불렀다. 진성화는 어리둥절해 하는 진요자에게 야단을 쳤다.

"집안에 사람이 이렇게 많고, 말을 길들일 수 있는 사람도 많은데 그 말 한 마리 제대로 길들이지 못한단 말이냐? 보통 장사꾼이 그 말을 길들일 수 있겠느냐? 자칫 잘못했다간 사람이 다칠지도 모르는데 말이다. 사람이 마음을 곱게 써야지 나쁘게 쓰면 그것이 사람이냐!"

진성화는 점점 더 화를 내며 그 말을 당장 찾아오라고 호통을 쳤다.

진요자는 아버지 진성화의 훈계를 듣고는 자신의 행동이 잘못되었음을 깨달았다. 그는 거듭 자신의 잘못을 인정하며 아버지의 명에 따라 말을 판 장사꾼에게 말 값을 돌려주고는 얼른 가서 되찾아 오게 했다. 사실 말을 산 사람은 말을 사고도 길들이지 못해 끙끙 앓고 있던 차였다. 그런데 뜻하지 않게 말을 판 당사자가 와서 말을 되찾아가겠다며 돈을 돌려주니 이루 말할 수 없이 기뻐했다. 그는 손해 보지 않고 집으로 갈 수 있게 되어 다행이라며 연신 고맙다는 말을 되풀이했다.

둘째아들 진요좌의 부인 마(馬)씨, 즉 진성화의 둘째 며느리는 송나라 최고 벼슬인 상서(尚書)의 딸이었다. 총명하고 시를 잘 지었으나 어려서부터 시종들 속에서 컸기 때문에 집안일은커녕 밥도 지을 줄 몰랐다. 그런데 진씨 집안에 시집오고 보니 시어머니가 하루도 거르지 않고 자신을 데리고 부엌에 들어가 일을 시키는 통에 견딜 수가 없었다. 그렇다고 시어머니에게 불만을 터뜨릴 수도 없고 해서 남편 진요좌에게 원망을 퍼부었다.

"당신이 지금 송 왕조의 재상이고, 저는 재상의 부인입니다. 예로부터 재상의 부인이 어디 매일같이 부엌에서 일을 했답니까?"

그러면서 시어머니에게 말씀드려 부엌에 들어가는 일을 면하게 해달라고 졸랐다. 진요좌는 조정에서는 강직하고 바른 말 잘 하는 재상으로 명성이 자자했지만 "부모님께 차마 그런 말씀을 드릴 수 없소이다"라며 고개를 저었다. 남편의 모습에 실망한 마씨는 친정으로 가서 친정 부모에게 울며불며 하소연했다. 마 상서는 딸이 애처로워 사돈을 찾아가 잘 말해보겠노라 답했다.

며칠 뒤 마 상서 부부가 사돈 진씨 집을 방문했다. 진성화 부부는 사돈 부부를 환대했다. 한참 뜸을 들이던 마 상서 부부가 어렵게 입을 열어 딸이 어려서부터 부엌에 들어간 본 적이 없어 밥도 지을 줄 모른다고 하자 시어머니 풍씨가 말을 가로막으며 "제가 가르치면 됩니다"라고 했다. 그러면서 풍씨는 말을 덧붙였다.

"그 아이 혼자에게 집안사람의 밥 전부를 지으라고는 하지 않겠습니다. 지금은 그저 나를 도우는 정도일 뿐입니다. 만약 둘째 며느리가 가사를 돕지 않으면 시어머니인 나와 다른 두 며느리가 밥을 할 수밖에 없습니다."

이 말에 마 상서 부부는 당황해하며 "우리 딸이 어려서부터 버릇없이 자라서 시부모님의 가르침이 많이 필요한 것 같습니다"며 상황을 수습했다.

그날 이후로 둘째 며느리는 아무런 불평없이 매일 부엌에 들어갔다. 이후 이런 생활은 몸에 배었고, 음식 솜씨도 많이 늘었다. 그러면서 그녀는 남편이 청렴한 관리로서 명성을 지키는 데 적지 않은 도움을 주었다.

진성화의 말년은 말 그대로 집안 다스리기였다. 그의 가정생활과 가정교육은 장안의 화제였다. 이로써 황제는 당시 진성화가 왜 그렇게 일찍 은퇴했는가를 알게 되었다. 황제는 진성화를 불러 환담

진성화의 초상화

진성화는 북송 시대의 정치가이자 훌륭한 가장으로 이름을 남기고 있다. 세 아들이 모두 진사에 급제해 이름을 떨쳐 황제로부터 상을 받기도 했다. 관직에서 물러난 뒤에는 가정을 돌보는 일에 힘썼다.

을 나누고 상을 내렸다.

　손자사위를 포함하여 네 명의 장원과 진사 급제자를 배출한 진
성화 집안은 말 그대로 명문가 중에서도 명문가였다. 진성화 역시
재상의 반열에 올랐으니 속된 말로 부귀영화가 보장되어 있었다. 하
지만 진성화는 이런 가문의 영광 뒤에 숨은 그림자를 정확하게 파악
했다. 그것은 바로 자식들이었다. 자칫 자식들이 잘못 처신하면 자
식은 물론 온 집안이 오명을 쓰기 때문이었다. 그래서 그는 다소 이
른 은퇴를 결심했다. 여기에는 진성화의 깊은 사려(思慮)와 배려(配
慮)가 있었다.

　우선 세 아들이 모두 조정에 들어와 있는 상황에서 아버지까지
자리를 지킨다는 것은 진성화 자신은 물론 자식들에게도 부담이 될
수 있었다. 또 주위의 시선도 고려해야 했다. 그래서 진성화는 집안
을 단속하며 자식들이 공직 생활을 바로 할 수 있게 돕는 것이 자신
이 해야 할 일이라고 판단했던 것이다. 진성화의 말년은 바로 이런
원모심려(遠謀深慮)의 결과였다.

진씨삼장원상

사천성 남부현 대교진에 있다.

慶
歷
新
政

경력신정

사사로운 욕망에서 벗어나고
어진 인재를 등용하라

범중엄(范仲淹, 989~1052)
송나라 개혁 정치가, 군사가

범중엄은 송나라 때 변법을 추진한 정치가이자 서북 변방을 지킨 군사가
이다. '천하의 걱정을 먼저 걱정한 다음 내 걱정을 하고, 천하가 즐거워진
다음 나도 즐거워 할 것이다'라는 만고의 명문장 「악양루기」를 남겼다. 이
구절은 '중국 정신'의 일부가 되어 중국 문명의 찬란히 빛나는 보배와 같은
정신유산으로 남아 있다는 평을 듣는다. 이 때문에 송나라 때의 대학자 주
희(朱熹)는 범중엄을 유사 이래 천하 최고의 일류급 인물이라고 칭찬한 바
있다. 현재 14억 중국을 이끌고 있는 시진핑 국가 주석은 범중엄의 이 구
절을 종종 인용하여 젊은 학생들에게 인생의 이상적 목표와 정치적 포부
로 삼으라고 권하고 있다.

나라를 걱정한 범중엄의 개혁

인생에서 남다른 성취를 이루고 풍부하고 다채로운 일을 해낸 역사 인물들에 대해서는 단순하게 그들의 삶이나 정신세계를 개괄하기가 쉽지 않다. 예를 들어 한나라 때 장형(張衡)은 지진을 예측하는 지동의(地動儀)를 세계 최초로 발명한 누가 뭐라 해도 대단한 천문학자다. 그러나 그의 '양경부(兩京賦)'나 '사수시(四愁詩)'처럼 사람들의 입에 널리 오르내리는 시를 감상하노라면 그를 문학가로 인정하지 않을 수 없다.

범중엄는 자가 희문(希文)이고 강소성 오현(吳縣) 사람이다. 범중엄은 두 살 때 아버지를 여의고 매우 가난하게 살았다. 그는 태어나면서부터 총명했고, 거기에 뼈를 깎는 노력으로 27세에 진사에 합격하여 벼슬길에 올랐다. 이후 여러 지방을 다니면서 다양한 관직을 거쳤다. 특히 백성들의 고충에 귀를 기울이고, 정책 실행을 통해 도움을 주었다. 수리시설을 보완하고 재난을 구조했으며, 교육의 중요성을 인식하여 학당을 설립했다.

송 인종(仁宗) 보원(寶元) 원년인 1038년 송나라 서북쪽의 이민족 정권인 서하(西夏) 당항족(黨項族)의 수령 이원호(李元昊)가 자신을 서하 제국의 황제라 칭하고 나라 이름을 대하(大夏)라 했다. 그러고는 사신을 보내 책봉을 요청했다. 이는 이원호가 송과의 군신관계를 끊겠다는 것으로 송 조정에서는 받아들이기 힘든 도발이었다. 인종은 이원호를 사로잡거나 죽이는 사람은 그 지역의 절도사로 삼는다는 현상을 내걸었다.

이에 맞서 이원호는 쉴 새 없이 송을 공격했다. 1040년 서하의 군대가 연주(延州, 지금의 섬서성 연안)를 공격하여 장수를 잡아가자 다급해진 인종은 범중엄을 연주 장관에 임명했다. 군사에 관한 한 문외한이었지만 범중엄은 먼저 성곽을 쌓고 군사 거점을 만들었다. 그러고는 심리전 등을 동원하여 서하의 병사를 투항시키면서 서하를 서서히 약화시켰다.

범중엄은 군사 훈련도 강화하여 정부군의 질을 높였다. 전술상의 잘못도 바로잡았고, 변병 요새에서 둔전제(屯田制)를 시행함으로써 식량 보급에 만전을 기했다. 전세는 점점 역전되었다. 이후 송이 서하에 참패하는 일은 거의 없었고, 서하조차 범중엄에 대해 '배 속에 백만 대군이 들어 있다'며 칭찬을 아끼지 않았다.

하지만 서하는 여전히 강했고, 송은 서하가 부담스러웠다. 동북쪽의 막강한 요(遼)를 생각한다면 서하와의 화해가 현실적으로 절박했다. 송은 서하에 막대한 물자를 제공하고 두 나라는 과거의 관계로 돌아가기로 했다.

범중엄은 뛰어난 공을 인정받아 1043년 추밀부사(樞密副使)로 승진했다가 같은 해 재상으로 발탁되었다. 국정을 주도하게 된 범중엄은 조정 내의 각종 폐단을 직접 눈으로 확인했다. 방만한 관료 조직, 수만 많은 군대, 지나치게 지출이 많은 재정 등 문제가 한두 가지가 아니었다. 범중엄은 10개 항목의 혁신안을 제기했다.

명출척(明黜陟) : 승진과 강등을 분명하자는 것으로 관리 승진제도의 개
혁을 주장한 것이다.

억요행(抑僥倖) : 요행을 없애자는 것으로 관료 자제의 특권을 엄격하게
제한하는 것이다.

정공거(精貢擧) : 인재를 선발하는 과거제도를 제대로 다듬자는 개혁안
이다.

택장관(擇長官) : 덕과 재능에 따라 지방 장관을 선발하는 것이다.

균공전(均公田) : 관전 분배의 불공정 문제를 해결하는 것이다.

후농상(厚農桑) : 농업생산의 중시이다.

수무비(修武備) : 수도의 방위와 경비를 강화하는 것이다.

감요역(減徭役) : 백성들이 지는 노동의 부담을 줄이는 것이다.

추은신(推恩信) : 백성을 위한 정책을 충실하게 집행한다.

중명령(重命令) : 조정의 규율을 엄격하게 하고 멋대로 고치지 않는다.

인종은 범중엄의 혁신안을 크게 칭찬하며 그해 10월 바로 조서
를 내려 전국에 고시하게 했다. 이것이 바로 역사상 유명한 개혁정
치인 '경력신정(慶歷新政)'이다. 신정은 부패한 관리를 축출하고 부실
한 재정을 개선하기 위한 하나의 계기가 되었다. 백성들의 생활은
나아졌으나 기득권 세력과 관료들은 극렬하게 저항했다. 개혁의 강

범중엄의 초상화

인종의 초상화

도가 세면 셀수록 저항의 정도도 강했다. 기득권 세력들은 평소 때는 서로를 비판하고 공격하다가도 개혁이 닥치면 언제 그랬냐는 듯이 하나로 뭉친다. 범중엄의 '경력신정'은 사실 부분적인 개혁에 지나지 않았지만 수구 기득권의 저항은 상상을 초월했다. 혀가 쇠도 녹인다는 말처럼 쉴 새 없는 범중엄에 대한 비방과 중상은 인종의 마음을 흔들어 놓기에 충분했다. 개혁이 시작된 지 3년 만이 1045년, 인종은 범중엄을 자리에서 끌어내렸고, 신정도 사산(死産)했다. 그때 범중엄의 나이 56세였다.

재상에서 물러났지만 범중엄은 자정전학사(資政殿學士)를 비롯하여 지방 장관을 두루 거쳤다. 범중엄은 여전히 깊은 안목과 변치 않는 지조, 그리고 넓은 사상으로 세상을 관망했다.

신정 개혁이 실패한 뒤 악주에서 벼슬을 하던 절친한 친구인 등자경(騰子京)은 그에게 동정호(洞庭湖) 기슭에 새로이 보수한 악양루(岳陽樓)에 걸 글을 써 달라고 부탁했다. 범중엄은 신정 개혁의 경험과 자신의 원대한 포부, 그리고 온갖 회한을 담아 천고의 절창『악양루기(岳陽樓記)』를 지었다. 『악양루기』는 웅혼한 필력으로 악양루가 내려다보는 동정호의 모습을 빗대어 자신의 심경을 나타낸 작품이다.

만고의 명문장 『악양루기』

『악양루기』는 4·6 변려체의 문장이다. 변려문은 문장 형식의 제한을 받기 때문에 사상이나 감정을 유창하게 표현하기 아주 어렵다. 8대째 쇠퇴해 온 문장을 되살리고 산문 형식을 회복하자는 한유(韓愈)의 주장이 나온 이래 변려문은 주목받지 못한 문장 형식이 되어 버렸다.

역대 변려문들과 비교해 볼 때 『악양루기』는 특별히 뛰어난 작품이라 할 수 없다. 이 문장이 귀한 것은 그 형식이 아니라 내용 때문이다. 범중엄은 몇 백 자에 불과한 짧은 문장에 자신의 숭고한 사상과 포부를 표출하고 있다. 그는 천하의 일을 자신의 책임으로 여기면서 평생을 나라와 백성을 걱정하며 살았다. 고생을 앞세우고 즐거움은 뒤로 물려두겠다는 그의 생각과 행동은 어느 사회에서라도 가장 고상한 덕목이 아닐 수 없다.

전국시대 초나라의 애국지사 굴원은 "장탄식으로 흐르는 눈물을 감추고, 백성들의 힘겨운 삶이 슬프구나!"라고 노래했고, 당나라 때 시인 백거이(白居易)는 귓가에 굶주리고 얼어 죽는 백성들의 신음 소리가 들리는 것 같다고 했다. 중국 지식인은 천하의 일을 자신의 책임처럼 생각하고 늘 언제 어디서나 나라와 백성, 시대와 세태를 걱정하는 전통을 유지해왔다. 이러한 전통을 범중엄도 『악양루기』를 통해 표현했다.

악양루기(岳陽樓記)

경력사년춘(慶曆四年春) 자경적수파릉군(子京謫守巴陵郡)

월명년(越明年) 정통인화(政通人和) 백폐구흥(百廢具興)

내중수악양루(乃重修岳陽樓) 증기구제(增其舊制)

각당현금인시부우기상(刻唐賢今人詩賦于其上)

속여작문이기지(屬予作文以記之)

경력 4년 봄, 자경이 귀양가서 파릉군의 태수가 되었는데

그 이듬해가 지나 정치가 통하고 백성들이 화목해서

온갖 폐지되었던 것들이 모두 잘 살아났다.

이에 악양루를 중수하여 옛날 제도를 더하고

당나라의 현인과 지금 사람의 시와 부를 그 위에 새기고,

나에게 글을 지어 기록하기를 부탁하였다.

여관부파릉승상(予觀夫巴陵勝狀) 재동정일호(在洞庭一湖)

함원산(銜遠山) 탄장강(吞長江) 호호탕탕(浩浩蕩蕩)

황무제애(橫無際涯) 조휘석음(朝暉夕陰) 기상만천(氣象萬千)

차즉악양루지대관야(此則岳陽樓之大觀也) 전인지술비의(前人之述備矣)

내가 보건대 대체로 파릉의 뛰어난 경치가

동정이라는 한 호수에 있는지라

『악양루기』를 탄생시킨 배경인 악양루

먼 산을 머금고 긴 강을 삼켜 넓고 넓어서 막힘이 없다.

비스듬히 만나는 물가는 끝이 없어

아침햇살과 저녁 어스름이 되면

기상이 만 갈래 천 갈래이다.

이것은 곧 악양루의 큰 볼거리니

앞사람들의 저술에 갖추어져 있다.

연측북통무협(然則北通巫峽) 남극소상(南極瀟湘)

천객소인(遷客騷人) 다회우차(多會于此)

남물지정(覽物之情) 득무이호(得無異乎)

그렇다면 북으로 무협에 통하고,

남으로는 소상강 끝까지 뻗쳐서

유배 온 사람과 시인들이 이곳에 많이 모이니

사물을 관람하는 감정이 다르지 않을 수 있으리오.

약부음우임비(若夫霪雨霖霏) 연월불개(連月不開)

음풍노호(陰風怒號) 탁랑배공(濁浪排空)

일성은요(日星隱曜) 산악잠형(山岳潛形)

상려부행(商旅不行) 장경집최(檣傾楫摧)

박모명명(薄暮冥冥) 호소원제(虎嘯猿啼)

만약 그 장마비가 부슬부슬 내려

몇 달 동안이나 개이지 않으면

음산한 바람 성나게 부르짖으며, 흐린 물결이 공중을 두드려

해와 별이 빛을 숨기며, 산악이 형체를 감추고

상인들이 다니지 않아 돛에서 기울고 노가 꺾이며

저물 녘에 어둑어둑하여

호랑이가 부르짖고 원숭이가 울어댄다.

등사루야(登斯樓也) 즉유거국회양(則有去國懷鄕)

우참외기(憂讒畏譏) 만목소연(滿目蕭然)

감극이비자의(感極而悲者矣)

이 때 누각에 오르면 서울을 떠나 고향을 생각하며,

참소 입은 것을 근심하며 비난을 두려워하며,

눈에 가득한 쓸쓸함이

감정이 극도로 올라 슬픈 자가 있다.

지약춘화경명(至若春和景明) 파란불경(波瀾不驚)

상하천광(上下天光) 일벽만경(一碧萬頃)

사구상집(沙鷗翔集) 금린유영(錦鱗游泳)

안지정란(岸芷汀蘭) 욱욱청청(郁郁青青)

이혹장연일공(而或長煙一空) 호월천리(皓月千里)

또한 봄날이 화창하고 햇볕이 밝고 물결이 놀라지 않으면
위아래 하늘빛이 온 물결이 한결같이 푸르다
모래 가에는 갈매기가 날아 모이고,
비단 빛 물고기들은 헤엄쳐 놀며,
강 언덕의 지초와 물가의 난초의 향기가
자욱히 퍼지고 푸릇푸릇하다.
그리고 간혹 길게 뻗은 안개가 공중을 가득 덮고
밝은 달빛이 천리에 비친다.

부광약김(浮光躍金) 정영침벽(靜影沈璧)
어가호답(漁歌互答) 차락하극(此樂何極)
등사루야(登斯樓也) 즉유심광신이(則有心曠神怡)
총욕구망(寵辱俱忘) 파주임풍(把酒臨風)
기희양양자의(其喜洋洋者矣)

떠있는 달빛은 금색으로 빛나고
고요한 그림자는 구름에 잠긴 듯하다.
고기잡이 노랫소리가 화답을 하니,
이 즐거움이 어찌 끝이 있겠는가
이 루에 오르면 마음이 넓어지고 정신이 맑아져
총애의 욕됨을 모두 잊어버리고,
술을 잡고 바람에 다다라

그 즐거움을 드날리는 자가 있을 것이다.

차부(嗟夫) 여상구고인지심(予嘗求古仁之心)

혹이이자지위(或異二者之爲) 하재(何哉)

불이물희(不以物喜) 불이기비(不以己悲)

거묘당지고(居廟堂之高) 즉우기민(則憂其民)

처강호지원(處江湖之遠)

아, 내가 일찍이 옛날 어진 사람의 마음을 구한다면,

혹 두 사람의 하는 것이 다른 것은 어째서인가.

사물 때문에 기뻐하지 아니하며

자기 때문에 슬퍼하지 아니하며,

조정의 높은 곳에 거하면 그 백성들을 걱정하고,

강호의 먼 곳에 있으면 그 임금을 걱정하니,

즉우기군(則憂其君) 시진역우(是進亦憂)

퇴역우(退亦憂) 연즉하시이낙야(然則何時而樂耶)

기필왈(其必曰) 선천하지우이우(先天下之憂而憂)

후천하지라이락여(後天下之樂而樂歟)

희(噫) 미사인(微斯人), 오수여귀(吾誰與歸)

이는 나아가도 또한 걱정하고

물러나도 또한 걱정하는 것이니,

그렇다면 어느 때에 즐거울 것인가

그 사람은 반드시 말할 것이니,

천하의 근심을 먼저 걱정하고,

천하의 즐거움을 뒤에 즐거워할 것이니라라고 말이다.

아, 이 사람이 아니라면 내가 누구와 더불어 돌아가리요.

백성과 나라를 걱정하는 지사

범중엄은 가난했던 유년 시절을 생각하며 가난한 백성들을 무한히
동정했다. 그는 재상에서 물러난 후 특별히 고향에 '의장(義莊)'을 세
워 무의탁 노인과 어린이를 도왔다. 공부에 뜻은 있으나 돈이 없어
공부 못하는 소년들에게 더 관심을 갖고 보살폈다.

범중엄이 항주지부(杭州知附)로 있을 때 그의 나이 61세였다. 그
의 제자들은 범중엄이 자신을 위한 집은 짓지 않고 제자들의 교육을
위해 낙양에 건물을 짓기 위해 출자하는 것을 보고는 스승의 집을
지으라고 건의했다. 범중엄은 한사코 반대하였다.

"이몸은 참새집이라도 기꺼이 원한다. 부귀는 내가 바라는 바가
아니다."

범중엄은 말년에 자식 교육과 집안 단속에 엄격했다. 평생 자식
교육에 대해서는 철저했는데 그는 자식의 도덕적 수양과 학업에서
의 성취를 중시했을 뿐만 아니라 소박하고 검소한 생활을 특히 강조
했다. 둘째 아들 범순인(范純仁)이 결혼할 때 범중엄은 며느리가 비단
으로 치장했다고 하자 아들을 불러 "어찌 하여 우리 집과 어울리지
않게 비단 장식을 하여 집안의 명예를 훼손하느냐?"며 화를 냈다.
범순인은 아버지의 말에 따라 아주 간소하고 소박한 혼례를 치렀다.
훗날 범순인도 재상에 올랐는데, 그 역시 중국 역사상 가장 유명한
청백리 가운데 한 사람이 되었다.

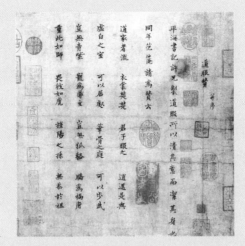

범중엄의 글씨

범중엄의 문집 『범문정공집』

역사에 따르면 범중엄의 뛰어난 공덕은 일반 백성들까지 다 알 정도였다고 한다. 송나라 때 전공보(錢公輔)는 그런 범중엄에 대해 '충성심이 가득하고, 업적이 가득하고, 이름이 널리 가득 퍼진' 세 가지 풍부한 '삼만(三滿)'의 인물이라고 칭송했다.

황우(皇祐) 4년인 1052년 정월, 범중엄은 서주(徐州)에서 64세의 나이로 세상을 떠났다. 그의 죽음은 송나라 전체를 슬픔에 빠지게 했을 뿐 아니라 적국 사람들조차 그의 죽음을 애도했다. 평생 애증을 함께 했던 인종도 비통함에 잠겨 친히 범중엄의 묘비명을 짓고, 문정(文正)이라는 시호를 내렸다. 범중엄의 문장은 그의 시호를 딴 『범문정공집(范文正公集)』에 수록되어 전한다. 또한 범중엄은 죽기 전 당시 정치에 대한 걱정을 피력하면서 인종에게 "개인의 사사로운 욕망에 얽매이시지 말고 상벌을 분명하면서도 신중하게 처리하실 것이며 유능하고 어진 인재들을 존중하고 요행을 바라지 마시옵소서!"라고 당부했다. 인종은 눈물을 흘리며 범중엄의 유언을 읽었다.

범중엄은 젊어서부터 부귀와 빈천, 명예와 치욕, 기쁨과 슬픔에 마음을 빼앗기지 않고 천하의 일에 뜻을 두었다. 죽음을 앞두고 인종에게 남긴 유언을 보면 개인의 사사로운 일은 단 한 글자로 보이지 않는다.

처음 관직에 나갔을 때부터 그는 집안의 의식주를 자급자족했다. 그 뒤 참지정사가 되어 녹봉이 많아졌을 때도 마찬가지였다. 한 번은 아들 손자들을 모두 불러 모았는데, 모두 소박한 차림에 소맷

자락에 책이 있는 것을 보고 몹시 기뻐하며 '먹고 입는 것은 간략한 것에 만족하되 공부는 만족을 몰라야 한다'는 범씨 집안의 가훈을 들려주었다. 그는 후손들에게 절대 부귀를 탐내지 말 것이며 자신의 인품과 덕을 손상시키는 일을 해서는 안 된다고 강조했다.

　범중엄은 세상과 조화하고 내면을 강인하게 기를 것과 사람들을 두루 즐거운 마음으로 사랑하라고 가르쳤다. 또 재물을 베풀 것이며 넓은 마음과 뜻을 가지라고 했다. 그는 말년에 저축한 자신의 녹봉으로 빈민 구제를 위한 의로운 땅과 집을 사서 전후 수십 명에게 먹을 것과 입을 것을 제공하고 결혼과 장례 등의 비용도 모두 내주었다. 또한 소주에 학교를 세워 가난하고 힘든 일가친척들과 그 자제들이 공부를 할 수 있게 해주었다.

20 | 신법 新法

변화와 개혁은
아무리 해도 모자란다!

왕안석(王安石, 1021~1086)
북송의 정치가, 문학가

왕안석은 중국 역사상 최고의 개혁가 중 한 사람으로 평가받는 북송의 정
치가이자 문학가이다. 백성과 나라를 위하는 일념으로 추진했던 신법 개
혁을 통해 신종의 신임을 얻고 재상에까지 올랐지만 자리에서 파면된 왕
안석의 말년은 회한과 여한의 세월이었다. 지인들과 고승, 정적들과도 교
류하며 유유자적 삶을 즐긴 듯이 보이지만 사실 글을 짓고 다듬으며 고독
과 울분을 달랬다.

역사 속에는 좌절하고 절망한 지사(志士)들이 더 많다. 하지만 그들은 그러
한 현실 속에도 강렬한 시대 의식과 불굴의 의지로 자신들의 과거를 반성
하고 복기(復記)하여 우리로 하여금 같은 실수와 잘못을 범하지 말라고 경
고하고 가르침을 준다. 왕안석의 말년 또한 그러하다.

왕안석의 신법 개혁

왕안석은 자는 개보(介甫), 호는 반산(半山)이며, 무주(撫州, 지금의 강서
성 무주) 출신이다. 경력 연간에 진사에 급제하여 회남판관, 근현지현
에 임명되었고, 서주통판, 상주지부, 강동형옥제점 등을 거쳤다.

　인종(仁宗) 가우 3년인 1088년 탁지판관이 되어 만언서(萬言書)를
올려 개혁을 요구하면서 직집현원, 지제조에 기용되었다. 신법(新法)
개혁의 시발점이라 할 수 있는 '만언서'에서 왕안석은 다음과 같이
토로했다.

"지금 천하의 재정상태가 갈수록 궁핍해지고 있고, 풍속도 갈수록 나
빠지고 있습니다. 이 병의 원인은 규율을 모르고 선왕들이 남기신 좋은
정치를 본받지 않는 데 있습니다. 선왕의 정치와 정신을 본받아야만 천
하 사람들의 눈과 귀를 어지럽히지 않고 소란스럽게 만들지 않을 수 있
습니다.

천하의 인적·물적 자원을 가지고 천하의 재부를 생산하고, 천하의 재
부를 가지고 천하의 비용을 공급하는 것이야말로 과거로부터 내려오는
태평과 치세의 방법입니다. 재부가 모자라서 국가의 위기를 초래한 적
은 없습니다. 문제는 재정을 합리적으로 다루지 못하기 때문입니다.

관료 사회에 인재가 부족하고 향촌에도 써먹을 만한 인재가 모자랍니
다. 국가와 강역을 보호하려면 폐하께서는 걱정거리가 생긴 다음 생각

하면 늦습니다. 조정의 각종 폐단을 잘 살피시어 대신들에게 이런 폐단을 점차 제거하여 당면한 상황의 변화에 적절하게 대처하라고 명령을 내리십시오. 제가 드리는 말씀은 좋지 못한 풍속에 물든 사람은 할 수 없는 것입니다."

왕안석의 신법 개혁은 신종(神宗)이 즉위하면서 빛을 보기 시작했다. 신종 즉위 뒤 왕안석은 지강녕부(지금의 강소성 남경)에 임명되었다가 곧 한림학사 겸 시강으로 발탁되었다. 1069년 희녕 2년 참지정사로 승진하면서 또한 풍속과 법제의 개혁을 강조하여 신종으로부터 인정을 받았다. 이렇게 해서 역사상 유명한 '신법 개혁'이 시작되었다.

사실 송 왕조가 초기 병목 위기를 통과할 수 있었던 주요한 원인의 하나는 2대 황제 태종 조광의(趙匡義)가 38세라는 장년의 나이에 즉위하여 복잡한 정치형세에 적절하게 대응해 나갔기 때문이다. 만약 조광윤의 어린 아들이 뒤를 이었더라면 일찌감치 제국이 붕괴되었을지 모른다.

조씨 황제들이 비교적 평안하게 경계를 넘긴 했지만 수시로 제국이 붕괴될지도 모른다는 악몽에 시달리지 않으면 안 되었다. 이 악몽 때문에 송 조정은 반란을 방지하기 위해 무던 애를 쓰는 길 외에 어떤 다른 행동도 취할 수 없었다. 요와 서하를 상대로 한 굴욕적인 전쟁은 백성들의 재산을 착취하여 외국에 갖다 바치는 일이라는

왕안석의 초상화

것을 증명했다. 그러다 보니 백성들을 보호하고 생활수준을 향상시키는 일은 꿈도 꿀 수 없었다. 관리의 수는 해마다 늘었고, 사대부도 늘었다. 즉, 생산에서 벗어나 무위도식(無爲徒食)하는 사람들이 갈수록 늘어난 것이다. 전체 인구의 3~4퍼센트를 차지하는 자들이 토지와 부의 90퍼센트 이상을 차지하고 있었고, 약탈은 그칠 줄 몰랐다.

이런 상황에서 국가 재정은 더욱 악화되었고, 계층 간의 갈등은 임계점을 넘어서고 있었다. 따라서 변법(變法)과 개혁은 원하건 원치 않건 당연한 수순이었다. 다른 길이 없었다.

왕안석은 기원전 4세기의 또 다른 위대한 정치가 공손앙(公孫鞅, 상앙)을 본받아 혁명적인 개혁정책으로 송 왕조과 사대부들을 악운(惡運)에서 구원하는 동시에 도탄에 빠져 있는 백성들을 구하고자 했다. 이 개혁 의지는 신종에 의해 채용되었다.

왕안석은 제치삼사조례사라는 개혁기구를 설치하고 여혜경(呂惠卿, 1032~1111)에게 그 일을 맡겼다. 이듬해인 1070년, 동중서문하평장사로 승진해 이후 농전수리, 청묘, 균수, 보갑, 면역, 시역, 보마, 방전제역 등 사회 전반에 걸친 개혁적 법안들을 만들어 시행했으며, 대외적으로는 왕소를 기용하여 서하와의 전쟁에서 승리하는 이른바 '희하의 역'을 이끌어내기도 했다. 과거를 개혁하고 학교를 정비했으며, 『시』, 『서』, 『주례』를 해석한 『삼경신의』를 펴내기도 했다. 신법은 경제, 정치, 군사, 교육 등 모든 방면에 걸쳐 있었다.

개혁 조치 중 11개 항목을 살펴보자.

:: 예산 제도를 확립하고 예산을 통제했다. 왕안석은 요즘 표현대로 하자면 기획예산처라 할 수 있는 삼사조례사(三司條例司)를 설치했다. 삼사란 탁지사(度支司), 호부사(戶部司), 염철사(鹽鐵司)를 말한다. 그러고는 자신이 그 부처의 우두머리를 겸직하여 행정관리에 대해 합리적인 개선책을 마련했다. 공금의 사적 유용이나 착복을 엄격하게 통제한 결과 매년 국가 예산의 40퍼센트를 절약할 수 있었다.

:: **식량을 비축하는 제도를 마련했다.** 과거에는 각 행정기구(로路나 주州)가 중앙정부에 매년 식량을 위주로 하는 세금을 바쳤는데 그 액수가 정해져 있었다. 즉, 풍년이 들어도 세금을 늘릴 수 없었고 흉년이 들어도 세금을 내릴 수 없게 되어 있었다. 그러다 보니 가난한 농민들만 쥐어 짤 수밖에 없었다. 게다가 세금을 수 천리 장거리에 걸쳐 수도인 개봉까지 운반해오니 운송비만 해도 엄청났다. 이에 왕안석은 균수법(均輸法)을 제정하여 화폐로 실물세를 대신 낼 수 있게 하여 운송상의 난관을 해결하려 했다. 각 행정기구는 수도 개봉에 전용 창고를 만들어 풍년이 들 때 많이 사들여 비축해 둘 수 있었기 때문에 흉년 때도 농민들을 착취할 필요가 없어졌다.

:: **정부 대출제도를 만들었다.** 중국 농민들의 가장 큰 고통은 대부분 '보릿고개' 때 발생한다. 보리에 파란 싹이 날 때면 농가에 비축해 둔 식량이 바닥을 보인다. 새로운 식량인 보리는 아직 익지 않았으니 돈이 가장 필요할 수밖에 없다. 왕안석은 정부가 농민에게 대출을 할 수 있게 했고, 지주에게 돈이나 식량을 빌릴 때는 가장 낮은 이자를 붙여 대

출을 받을 수 있게 했다. 그리고 수확을 한 다음 빌린 것을 갚도록 한 것이다. 이 대출은 밭에서 자라고 있는 푸른 보리싹을 담보로 삼아 신용대출한 것이기 때문에 '청묘법(靑苗法)'이라 불렀다.

:: 세금을 탈루하는 경작지를 조사하고 전부(田賦)를 정리했다. 사대부 지주들은 가난한 농민들의 경작지를 겸병할 때 왕왕 전적(田籍)을 감추고는 세금을 내지 않았다. 왕안석은 전국의 경작지를 조사하여 3,600만 무(畝)가 넘는 세금 탈루 경작지를 찾아냈다.

:: 방전균세법(方田均稅法)을 반포하였다. 전국의 경작지에 대한 평가를 새로 내려서 기름지고 척박한 정도에 따라 모두 5등급으로 나누었다. 이에 따라 세금을 차등으로 매겼다.

:: 물가를 억제하는 제도를 만들고 이를 담당하는 기구를 '시역무(市易務)'라 했다. 이 제도는 먼저 수도 개봉에서 실시했는데, 물가가 낮을 때 정부에서 물건을 사들였다가 물가가 오르면 내다 팔아 물가를 조절했다. 시역무는 은행업도 겸했다. 백성들은 금이나 은 그리고 옷감 따위 또는 부동산을 저당 잡히고 대출을 받았다. 이는 경제상의 큰 진보로 흔히들 '시역법(市易法)'이라 불렀다.

:: 공평한 노역제도를 수립했다. 왕안석은 '면역법(免役法)'을 반포하여 전국 모든 성인 남자라면 모두가 국가를 위해 노역해야 할 의무를 가진다고 규정했다. 만약 노역 면제를 신청하려면 대가로 '면역전(免役錢)'을 내야 했다. 정부는 이 돈으로 사람을 고용하여 노역에 충당했다.

:: 국방군의 훈련을 강화하고 늙고 힘없는 병사들을 도태시켰다. 송 제

국의 국방군 일부는 수도에 집중 배치하고 일부는 변방에 집중 배치하여 돌아가며 근무시켰는데, 이는 병사와 장수들이 가까워지지 못하게 하여 쿠데타를 피하자는 데 있었다. 이런 국방군이 평시에는 80만에 가까웠는데 이들을 먹여 살리는 데만 국가 총수입의 3분의 2가 들었다. 그런데도 출정하여 전투에 임하면 단 일격도 견뎌내지 못했다. 왕안석은 노약자들의 퇴역을 강제로 유도하고, '갱수법(更戍法)'을 폐지하여 국방군이 다시는 중앙과 지방을 돌아가며 복무하지 못하게 했다. 이런 식으로 병사들을 중요 지구에 나누어 붙박이로 주둔시키고 전담 사령관인 진장(鎮將)을 파견하여 평시에는 훈련을 책임지고 전시에는 병사들을 이끌고 출정하게 했다. 이렇게 해서 장수와 병사들은 서로를 팔과 다리의 관계처럼 이해하게 되었다. 왕소가 하황의 잃어버린 땅을 되찾을 수 있었던 것도 그가 이끄는 군대가 변법개혁 이후에 충당된 군대였기 때문이다. 변법 이전의 군대에 비하면 마치 다른 별에서 온 것처럼 완전히 달라졌다.

∷ 신무기를 개발하여 국방군의 장비를 전부 현대화했다. 국방부대의 부패는 무기 방면에서 더욱 심각했다. 수량이 부족했을 뿐만 아니라 대부분 썩고 낡았다. 1만 자루에 이르는 줄 끊어진 활은 없는 편이 차라리 나을 정도였다. 왕안석은 중앙에 병기창(군기감軍器監)을 설치하여 신식 무기를 설계하여 뒤떨어진 무기는 전부 도태시켰다.

∷ 인민 기층조직을 세우고 강화했다. '관(管)', '교(敎)', '양(養)', '위(衛)'을 하나로 묶는 '보(保)'라는 기본단위를 수립했다. 이렇게 해서 반

포된 '보갑법(保甲法)'은 10개 가정을 보(保), 50개 가정을 '대보(大保)', 500개 가정을 '도보(都保)'로 조직하도록 규정하고 있다. 이렇게 조직에 편입된 가정들은 서로를 지키고 도우며 수시로 법과 기강을 문란하게 하는 사람이 없는지 살폈다. 한 가정에 청년이 둘 있으면 그중 한 명을 뽑아 '보정(保丁)'에 충당하여 농한기에 집중적으로 군사훈련을 시켰다.

:: 과거 시험의 과목과 학교 과정을 개선했다. 당 왕조 이후 과거의 과목은 주로 시·부의 능력에 대한 시험과 『오경』의 빈칸을 메우는 식의 시험이었다. 이런 인재는 국가가 필요로 하는 행정력을 갖춘 인재와는 거리가 멀었다. 하지만 벌써 400년 이상 시행되고 있는 현실이었다. 왕안석은 이런 시험 과목을 일률적으로 없애고 논문식으로 바꾸어 젊은 인재들이 독립된 사고력을 기르게 했다. 학교에서는 왕안석이 지은 『삼경신의(三經新議)』 외에 지리학, 경제학, 사학, 법학, 의학 등도 가르치게 했다.

레닌(Lenin, 1870~1924)으로부터 최고의 개혁가라는 평을 들은 왕안석은 약해져가는 송 정부를 철두철미하게 개혁하려 했던 인물이었다. 그의 개혁은 봉건왕조 체제가 안고 있던 각종 문제점 전반에 걸쳐 있었다. 그런 만큼 보수파와 특히 수구 기득권 세력의 극렬한 반발에 부딪쳤다. 사마광, 문언부, 여해, 여공저, 정호, 정이 등이 보수파를 대표하여 그를 성토하고 개혁의 부당성을 외쳤으나 왕안석은 '변화와 개혁은 아무리 해도 모자란다'는 취지의 이른바 '삼부족(三不

足)'논리로 이들의 주장을 반박했다. 나머지 둘은 '조종은 아무리 본받아도 모자라며, 사람은 아무리 아껴도 모자란다'는 것이었다.

그러나 보수파들이 수구 세력을 대변하는 조(趙) 태후와 고(高) 태후를 끼고 더욱 강하게 반발하자 그를 지지하던 신종의 의지도 흔들렸고, 결국 1074년 재상에서 물러나 강녕부(江寧府)로 좌천되었다.

왕안석은 이듬해인 1075년 다시 복귀했으나, 1년도 채 안 되어서 파직되어 강녕 반산원으로 은퇴했다. 그때 그의 나이 56세였다. 당시 송 왕조의 법에 따르면 모든 재상은 물러난 후에도 외직을 맡을 수 있었다. 비록 권한이 없는 직이기는 하지만 지방에서 녹을 받으면서 노년을 보낼 수 있었다. 왕안석도 형국공(荊國公)에 봉해졌다. 그로부터 10년 동안 왕안석은 반산사에 기거하면서 외로운 말년을 보냈다. 이때 많은 문장을 남겼는데, 시문의 상당 부분이 시대의 폐단을 폭로하고 사회모순을 반영하고 있다. 이런 글들을 통해 왕안석은 알맹이 없는 헛된 말장난에 반대하고 백성에게 실질적으로 혜택이 돌아가는 실용을 주장했다. 문풍은 웅장하고 박력 넘치는 것으로 유명하여 당송팔대가의 한 사람으로 꼽힌다. 시가는 맑고 참신하면서도 힘이 있고, 사도 호방하여 거칠 것이 없다는 평이다. 『왕임천집(王臨川集)』, 『임천집습유』, 『삼경신의』(부분), 『자설(字說)』 등과 같은 저술이 있다.

왕안석이 제시한 개혁정치는 그 당시에는 누구도 완전히 이해할 수 없을 정도로 전면적이었고 파격적이었으며 또 치밀했다. 그래서 역사가들은 그를 천재적 개혁가로 평가하기도 하고, 과대망상적인 이상주의자라고도 평가한다. 그의 개혁은 미완의 개혁이지만, 동시에 현재 진행형이기도 하다.

회한 속에서 보낸 말년

재상 자리에서 파면 되었을 때 왕안석은 강녕, 즉 육조(六朝) 시대 왕조의 도읍이자 수려한 강산을 끼고 있는 금릉(金陵)을 거주지로 선택했다. 강녕으로 가는 교통편으로는 수로가 있었다. 왕안석은 민정을 이해하기 위하여 관용 배를 사용하지 않고 평복을 입고 작은 배 한 척을 빌려 황하를 따라 내려갔다. 배가 떠나기 전에 왕안석은 하인에게 당부했다.

"내가 재상을 지내긴 했지만 지금은 이미 관직을 물러났다. 연도에 사람들이 나와 나의 이름과 관직을 묻더라도 절대 발설하지 않도록 하라."

왕안석은 낮에는 걷고 밤에는 쉬면서 다양한 사람을 만났다. 정치를 이야기하고, 신법 개혁에 대한 의견을 경청했다. 다양한 의견들이 나왔는데 신법 개혁을 지지하는 백성들이 많았다. 또 지방의 창고들이 넉넉하게 차 있고, 치안도 안정되어 있는 것을 보고는 자신의 개혁에 대해 자부심을 갖기도 했다. 왕안석은 다소 위안을 받으며 산천을 유람했다. 그러면서 각지의 풍습과 사람들의 인정을 이해했다. 감정이 격해지면 이를 시로 옮겼다.

강녕에 도착한 후 왕안석은 종산(鐘山)의 양지 바른 곳에 자신의 거처를 마련하고 반산당(半山堂)이란 이름을 붙였다. 지인들이 찾아오면 그곳에서 대접을 하면서 함께 시문을 논하였다. 이름난 승려들과도 교류하면서 불교에 대해 이야기를 나누기도 하고 나귀를 타고 대자연의 풍광을 즐겼다.

한번은 황주(黃州)로 좌천되어 가는 소동파(蘇東坡)가 특별히 강녕에 들러 왕안석을 만나고 갔다. 왕안석은 반산당에서 그를 접대하였는데 소동파와 그의 부친 소순(蘇洵), 그리고 동생 소철(蘇轍)은 모두 왕안석의 정적들이었다. 신종이 왕안석을 재상에 앉히려 할 때 소순은 왕안석을 결코 가까이해서는 안 되는 간사한 자라고 욕을 하면서 심지어 왕안석의 꾀죄죄한 옷과 세수하지 않은 얼굴까지 거론할 정도였다. 그러고는 「변간론(辨奸論)」이란 글을 써서 왕안석을 공격했다.

신법 개혁이 시행되자 소씨 삼부자는 사사건건 반대하며 그를 깎아내렸다. 하지만 이들은 왕안석과 함께 모두 당송팔대가에 속하는 문인들로 문장에 있어서는 서로 배짱이 맞았다. 게다가 이들 역시 왕안석 못지않게 정치적으로 풍파를 겪었다. 그러다 보니 서로 동병상련의 마음이었다. 이들은 어울려 놀기도 하고 불교에 대해 토론하기도 하면서 아름다운 추억을 남겼다.

반산당에서 왕안석이 가장 많은 힘을 쏟은 것은 역시 글을 쓰는 일이었다. 그는 자신의 문집인 『임천집』을 다시 정리하고 교정하는 한편 전심전력으로 『자설』을 집필하였다.

1086년 66세의 왕안석은 지병이 재발하여 더는 일어날 수 없게 되었다. 자신의 마지막을 직감한 그는 부인 오(吳)씨에게 "내가 죽더라도 너무 슬퍼하지 마시오. 흩어져 있는 재산들은 모아서 좋은 곳에 쓰시고요"라는 간결한 유언을 남겼다.

왕안석은 말년에 지인들, 고승들, 심지어 정적들과 교류하며 유유자적한 것처럼 보인다. 하지만 실상은 그렇지 않았다. 대부분의 시간을 그는 고독과 울분으로 보냈다. 훗날 왕안석이 궁지에 몰려 재상 자리에서 물러나게 되었을 때, 그를 '공자에 버금가는 성인'이라며 아부하던 여혜경 무리는 즉시 낯을 바꾸었고, 심지어 과거의 아주 사사로운 편지까지 들추어내 왕안석을 공격했다.

이런 정쟁 속에서 왕안석의 하나밖에 없는 아들도 타격을 견디지 못하고 몸져눕더니 끝내 먼저 죽고 말았다. 이 때문에 왕안석은 강녕으로 은퇴한 후, 혼자 쓸쓸히 울적한 마음을 달랠 길 없어 '복건자(복건 출신의 자식이라는 뜻으로, 여혜경이 복건 사람이었다.)'라는 세 글자만 반복해 쓰면서 여혜경의 기용을 후회했다고 한다. 하지만 때는 이미 늦었다. 왕안석은 회한을 가득 품은 채 세상을 떠났다.

소동파의 초상화

송나라 당송팔대가로 불리는 시인 소동파는 신종 때 아버지, 동생과 함께 신법 개혁을 주장한 왕안석을
비난하며 공격하였다. 하지만 이후 왕안석이 반산당에서 지낼 때는 그곳에 들러 글을 통해 교류했다.

왕안석 문집

21 청백리 清白吏

나아가도 물러나도
오로지 백성을 걱정하다

해서(海瑞, 1514~1587)
명나라의 관리

중국 역사상 가장 이름난 청백리 가운데 한 사람인 해서의 삶은 벼슬에 있을 때도 벼슬에서 물러났을 때도 한결 같았다. 세상을 떠나는 순간까지 탐관오리에 맞서면서 오로지 백성들을 위해 봉사했다. 그랬기 때문에 중국 역사상 가장 암울한 명 왕조에 그나마 한 줄기 빛이 된 위인으로 남은 것이다.

청백리 한 사람의 삶이 얼마나 많은 사람에게 감동을 주고 희망을 주었는가는 그의 죽음을 애도하기 위해 늘어선 100리 인파가 생생하게 보여준다. 해서의 삶은 비리와 부패를 저질러도 솜방망이 처벌을 받고, 부정한 이력으로 처벌 받은 자가 당당히 공직자로 활개 치고 있는 오늘날의 현실을 되돌아보게 한다.

청백리의 대명사 남포공

어머니가 어린 아들에게 물었다.

"애야, 이 글자가 무슨 글자인 줄 아느냐?"

"호연무사(浩然無私)의 '사(私)'자입니다. 그런데 어머니 '무사'가 무슨 뜻입니까?"

"자신이 아닌 남들을 위한 것을 무사라 한다. 이를테면 이 쌍천(雙泉)은 지하에서 솟아나와 여러 사람들이 마실 수 있게 하지 않니? 이런 것을 '무사'라 한단다."

어머니는 소동파가 백성들을 위해 판 쌍천에 얽힌 내력과 백성들을 사랑했던 그의 일화를 이야기해주었다. 아들은 어머니의 말씀에 감명을 받고는 장차 공평무사한 사람이 되겠노라 결심했다.

어머니는 유명한 서예가였던 남편의 뜻을 받아 아들에게 글씨를 가르쳤다. 어머니는 글씨를 쓸 때 필요한 자세에 대해 말했다.

"먼저 독수리가 먹이를 움켜 쥐 듯 붓을 단단히 쥔 다음 온몸의 힘을 빠르고도 맹렬하게 붓 끝으로 실어 보내야 한다. 붓을 움직이는데 힘이 없으면 글자에 생기가 없고 글씨는 보기 싫어진다. 큰 글자를 쓸 때는 두 다리에 힘을 단단히 주어야 하며 왼손에도 힘이 들어가야 한다. 물론 어깨에도 힘이 있어야 한다. 다시 말해 온몸의 기운을 다 끌어낼 수 있어야 한다."

그러고는 '성현의 책을 읽고 나라를 위해 일하겠노라'라는 글을 쓰게 했다. 아들은 글을 쓰면서 또 한 번 나라와 백성들을 위해 자신의 한 몸을 바치겠노라 마음을 다졌다.

훗날 아들이 관직에서 파면되어 고향으로 돌아오자 81세의 노모는 그 이유를 물었다. 아들은 백성들이 빼앗긴 땅을 되찾아 주다가 탐관과 권세가들의 모함을 받아 파면되었노라 대답했다. 어머니는 말없이 고개만 끄덕이며 아들의 판단에 지지를 보냈다.

아들은 청상과부로 고생스럽게 자신을 길러주신 어머니의 뜻을 저버리지 않고 깨끗한 관리가 되었다. 부패와 탐관오리, 권세가와 기득권 세력에 맞서 평생을 싸운 청백리의 대명사가 되어 그 이름을 길이길이 청사에 남겼다.

그가 죽자 백성들은 7일 동안이나 생업을 포기한 채 그를 추모했고, 그의 물품을 정리하던 첨도어사 왕용급(王用汲)은 그가 남긴 전 재산이 봉급 8냥, 베옷 한 벌, 낡은 옷가지뿐이라는 사실에 또 한 번 통곡했다. 이 보고를 받은 황제는 그의 청빈함에 감격하여 장례에 특별한 관심을 기울였다. 그의 관을 운구하던 허자위란 사람은 장례를 치른 뒤 그의 무덤 옆에 움막을 치고 3년상을 지냈다. 그의 죽음에 천하가 통곡했고, 역사도 통곡했다.

그는 바로 중국 역사상 가장 이름난 청백리의 한 사람인 해서이다. 중국 역사에 있어서 대표적인 청백리를 들라면 '포청천'으로 더 잘 알려진 송나라 때의 포증(包拯)을 떠올린다. 그런데 명나라 때 인물로 포청천 못지않은 청백리가 해서였다. 해서는 남방의 포청천이

해서의 초상화

란 뜻으로 '남포공'이라 불린다. 포증과 해서는 중국 북방과 남방을 대표하는 청백리의 대명사이다.

평생 부패와 탐관오리에 맞서다

———

해서는 자가 여현(汝賢)이고 스스로 강봉(剛峰)이라 불렀다. 회족이며 해남 경산(瓊山) 사람이다. 집은 가난했으며, 4세에 아버지를 잃고 어머니의 힘겨운 뒷바라지를 받으며 자랐다. 이 때문에 그는 어릴 때부터 백성들의 고통을 너무 잘 알았고, 탐관오리나 질 나쁜 토착 세력들을 증오했다. 관리가 되어서 스스로 몸을 깨끗하게 지키기 위해 노력했을 뿐만 아니라 부정과 비리를 막는 데 온 힘을 기울였다. 그는 늘 탐관오리들의 부정과 비리 사건을 조금도 귀찮게 여기지 않고 비판하고 질책하고 검거하고 폭로했다. 다른 사람의 불만과 비난은 아랑곳하지 않았다.

그는 거물급 탐관오리 엄숭(嚴嵩) 부자와 같은 시대를 살았다. 당시 해서는 관직이 낮아 엄숭과 직접 부딪칠 기회는 없었으나 권세를 휘두르는 엄숭 패거리에 대해서는 조금도 주저하지 않고 맞섰다.

1565년 엄숭 부자가 몰락해 엄숭은 파면 당하고 아들 엄세번(嚴世蕃)은 목이 잘렸으며 가산은 모두 몰수되었다. 이들에 대한 징벌은 해서를 크게 고무시켰다. 그는 당시 부패와 비리가 얼마나 극성인지

엄숭의 초상화

명나라 때 대표적인 탐관오리로 불리는 엄숭의 모습이다.

잘 알고 있었다. 사회기풍이 타락하는 근원은 지도층에 있지 아래 백성들이 아니었다. 황제가 탐욕스럽고 부패한 어리석은 군주였기 때문에 썩은 대들보로 비틀린 기둥을 받칠 수 없었다. 그저 말단 관리나 백성들을 다그쳐서는 문제가 해결되지 않는 상황이었다. 이런 뒤틀린 현상을 바로잡기 위해 해서는 1566년 자신의 관을 미리 짜놓은 다음 죽음을 각오하고 '치안소(治安疏)'로도 불리는 '천하의 가장 큰 문제에 대해 바로 아룁니다'라는 상소를 올려 황제의 숱한 단점들을 통쾌하게 지적했다.

상소문에서 해서는 전국적으로 탐관오리들이 설치고, 무거운 세금 때문에 백성들이 생계를 제대로 유지 못하고, 도적이 사방에서 일어나는 것은 당연히 황제의 책임이며 모두 황제 때문에 일어난 일들이라고 지적했다. 그러고는 "대개 천하의 백성들이 황제를 안중에도 두지 않은 지 오래 되었습니다!"라고 대담하게 결론지었다.

과거 신하들이 황제에게 충고하는 글이나 말을 올릴 때는 완곡하게 돌려서 황제의 체면이 절대 상하지 않게 했다. 그런데 해서가 이렇게 직언하여 황제를 한바탕 욕한 것은 전례가 없는 일이었다. 이것이 이른바 '해서가 황제를 욕한' 사건이다. 가정제는 불같이 화를 내면서 즉각 금의위에 해서를 감옥에 가두라고 했다.

그런데 가정제는 해서가 상소를 올리기 전에 미리 관을 사두는 한편 노비들을 다 풀어주고 집안사람들과 고별했다는 소식을 들었다. 죽기로 작정했던 것이다.『도덕경』에서 "백성들이 죽음을 두려워

않거늘 무엇이 두려우랴!"라는 말을 실제로 보여준 것이다. 정말로 죽음을 두려워 않는 사람을 어찌 할 것인가. 해서를 어떻게 처리해야 할지 전전긍긍하던 가정제가 공교롭게 병 때문에 죽고 말았다. 장생불로약에 중독되어 죽었다는 설도 있다.

새 황제가 즉위하면서 해서는 몇 달 만에 풀려났고, 그는 죽음을 두려워하지 않는 전대미문의 일대 청백리가 되었다.

이 외에도 해서가 탐관오리나 권세가에 맞서 이들을 혼내준 일화는 무수히 많다. 한번은 엄숭과 한 통속이었던 절강총독 호종헌(胡宗憲)의 아들이 관민을 못살게 굴자 그를 잡아다 곤장을 친 다음 호종헌에게 편지와 함께 보냈다.

"당신이 모든 역참에 접대를 간략하게 하고 순시 나온 관리들이 재물을 함부로 갈취하지 못하도록 규정했는데, 이자가 자칭 당신의 아들이라면서 공개적으로 당신이 정한 규정을 어기고 불법을 자행하는 걸 보니 틀림없이 가짜다. 지금 사람을 보내 압송하니 엄히 다스려 당신의 명성에 손상이 가지 않도록 하시오!"

이 편지를 받아든 호종헌은 울지도 웃지도 못하고 그저 벙어리 냉가슴 앓듯 끙끙거리기만 했다.

좌부도어사 언무경도 엄숭의 패거리로 지방 시찰을 나갈 때마다 동네방네 나발을 불며 백성들을 괴롭히고 출장비 같은 명목의 상규은(常規銀)이란 돈과 재물을 착취하여 백성들에게 재앙을 끼쳤다. 그러나 그가 공개적으로 고시한 글에서는 "본성이 검소하고 소박하고 아부 따위를 좋아하지 않는다"고 했으니 이야말로 속 다르고 겉 다른 자가 아닐 수 없었다. 한번은 언무경이 엄주를 지나게 되었다. 해서는 미리 편지를 보내 이곳은 너무 가난하니 이전처럼 가장 검소하게 접대할 수밖에 없고 상규은을 포함한 그 어떤 비용도 부담할 능력이 없다고 했다. 이 편지를 본 언무경은 화가 났지만 권세를 두려워 않는 해서의 성격과 명성을 알고는 상대하기 힘들다고 여겼다.

그로 인해 해서에 대한 탐관들의 모함은 더욱 극성을 부렸다. 그럴수록 해서의 결심은 더욱 커졌고 힘도 생겼다. 그는 새로운 황제에게 외지 근무를 요청했다. 1569년 5월 경륭제는 해서를 우첨도어사로 승진시키고 황제가 파견한 흠차대신의 신분으로 수도권 10개 부의 식량을 총감독하는 응천순무 자리에 임명했다. 부임에 앞서 해서는 각지로 포고문을 보내 탐관오리를 내쫓고 지방 토호 세력을 물리치는 등 묵은 폐단들을 반드시 바로잡겠다는 의지를 표명했다.

이 포고문이 발송되자 10개 부에 근무하고 있는 탐관오리나 토호 세력들은 간담이 서늘했다. 그의 칼날에 맞서봐야 결코 좋을 것이 없었다. 그리하여 어떤 관리는 사직하여 고향으로 돌아갔고 일부 관리들은 다른 곳으로 발령을 받기 위해 발에 땀나도록 뛰어다녔다. 또 일부는 아예 자리를 내던지고 도망쳐 다른 곳에 몸을 숨겼다. 토호 세력들은 타지로 이사를 가거나 지레 겁을 먹고 호화로운 색의 대문을 밤사이에 검은색으로 바꾸기까지 했다. 반면 백성들은 서로의 손을 잡고 축하했다. 그러고는 무리를 지어 억울함을 풀어줄 해서를 환영하러 몰려나왔다.

해서가 응천순무로 재임하면서 거둔 가장 큰 성과는 지방관들을 압박하여 백성들로부터 빼앗은 땅과 재산을 돌려주게 함으로써 고른 토지분배와 고른 세금을 실현한 것이었다. 그가 부임하는 곳마다 백성들의 고소장과 고발장이 줄을 이었다. 대부분 향관들이 재산을 빼앗았다는 내용이었다. 땅과 재산을 빼앗긴 백성들은 살 길이 없어졌다. 해서는 송강 일대에서 땅을 가장 많이 가진 자가 국가의 수보(재상)를 지낸 서계(徐階) 집안이라는 사실을 알게 되었다. 이 잔혹한 현실은 해서에게는 참으로 풀기 힘든 난제였다. 서계는 해서가 체포되었을 때 그를 보호하고 석방된 뒤로도 있는 힘을 다해 자신을 추천했던 사람이었다. 서계가 베푼 은정을 생각하여 눈을 감아도 그만이었지만 이런 식으로 호랑이는 때려잡지 못하고 피라미들만 잡는다면 어떻게 백성들을 설득시킬 수 있으며 또 나라의 법령은 어떻게 되겠는가 하고 생각했다.

해서는 단단히 마음을 먹고 먼저 퇴직하여 집에서 쉬고 있는 서계를 찾아가 자신을 구해준 은혜에 대해 감사의 인사를 올렸다. 그런 다음 서계의 죄상을 알리고 땅을 되돌려 주는 일은 법에 따라 처리해야지 사사로운 정에 매일 수 없다는 점을 설명했다. 이렇게 처리한 결과 서씨 집안이 빼앗은 땅은 모두 회수되고, 서계의 세 아들은 향리에서 불법을 자행한 죄목으로 모두 처벌되었다. 서반과 서곤은 군대에 보충되었고, 서영은 파직되어 서민으로 강등되었다.

이 소식이 전해지자 사사로운 정에 매이지 않고 공평하게 법을 집행했다고 감탄하는 사람이 있는가 하면, 은혜를 저버렸다고 해서를 질책하는 사람도 있었다. 물론 백성들은 환호성을 올렸다. 이 일로 땅을 되돌려 받은 집안들은 해청천의 위패를 집안에 모셔놓고 아침저녁으로 향을 피워 절을 할 정도였다. 그러나 어느 정도 시간이 지나자 이런저런 모순이 불거져 나왔고, 여러 방면에서 고소장이 쇄도했다. 마땅한 대응책이 없던 새 황제는 하는 수 없이 해서를 한직으로 이동시켰다.

역사에 이름을 남긴 청백리

그 뒤 정국은 큰 변화를 겪었다. 융경제가 재위 6년 만에 죽고 아들 주익균(朱翊鈞)이 뒤를 이어 연호를 만력(萬曆)이라 했다. 만력제가 황제 자리를 물려받을 당시 아직 어린아이였기 때문에 장거정(張居正)의 도움을 받았다. 장거정은 굳센 인물로 결단력을 가지고 책임감 있게 일을 처리했지만 권세를 부린 면도 없지 않았다. 아첨하는 사람을 좋아하는가 하면 아주 강직한 사람에 대해서는 호감을 갖지 않았다.

포증

송나라 때의 사람으로 '포청천'으로 불리며 대표적인 청백리로 손꼽힌다. 해서는 남방의 포청천이라 하여 '해청천'으로 불리기도 한다.

서계

명나라 때 사람으로 재상을 지냈다. 해서가 체포되었을 때 도움을 주었으나 부정하게 재산을 모은 일로 해서에 의해 재산은 몰수되고 아들들은 모두 처벌받았다.

이 때문에 장거정이 집권한 10여 년 동안 해서는 배척당했다. 해서 자신도 해명하길 원치 않았기 때문에 관직에서 물러나 고향에서 학생 몇몇과 문을 걸어 잠그고 공부에 몰두하면서 그 즐거움에 빠져들었다. 이후 장거정이 죽자 그는 다시 중용되었다.

1585년 만력제는 그를 남경의 이부우시랑, 우첨도어사에 임명하여 인사관리와 감찰을 맡아 자신의 장기를 발휘하도록 했다. 탐관오리나 부패와의 전쟁이 다시 시작되었다. 부임하는 날 남경의 백성들은 길을 꽉 메우고 그를 환영했다.

해서가 은퇴 10년 만에 재기했다는 소식을 들은 탐관오리들은 재빨리 몸을 도사린 채 화를 비껴가려 했다. 해서는 황제에게 상서를 올려 거물급 탐관오리들은 '박피실초(剝皮實草)'와 같은 혹형을 가해야 한다고 주장했다. '박피실초'란 명나라 초기 주원장(朱元璋)이 사용한 혹형으로, 가죽을 벗기고 배 속에다가 짚을 채워 표본처럼 만드는 것을 말한다. 이런 혹형을 다시 실행한다는 것은 시의적절치 못했지만 해서가 탐관을 얼마나 증오했는지는 잘 알 수 있다.

봉건적 왕조체제에서 탐관오리 문제는 늘 안팎을 시끄럽게 만들었다. 그런 만큼 이들에 대한 처벌은 대단히 엄했다. 송나라의 개국 군주인 조광윤(趙匡胤)은 탐관오리를 살인자와 같이 취급할 정도였으며, 탐관오리들은 사면대상에서 늘 제외되었다. 비리를 저지른 관료는 퇴직 후에도 퇴직금이나 연금 등에서 낮은 대우를 받았으며, 평생 차별대우를 감수해야만 했다. 또 청백리에 대해서만 비석을 세워 표창한 것이 아니라 탐관오리의 추악한 죄상을 새긴 비석을 세워 영원히 경계하도록 했다.

역대로 적지 않은 청백리들이 청사에 이름을 길이 남겼다. 하지만 탐관오리의 수에 비하면 비교가 되지 않을 정도로 극소수였다. 그만큼 청백리의 길이 어렵다는 것을 뜻한다. 이기심과 부귀영화를 뿌리치고 남을 위해 멸사봉공한다는 일은 참으로 지난하다. 그렇기에 청백리는 우리가 늘 본받아야 할 존재로 남는 것이다.

1587년, 73세의 해서는 남경에서 병으로 세상을 떠났다. 그는 마지막 2년 동안에도 조금도 흐트러짐 없이 탐관오리들을 징벌하고 억울한 사건을 해결했다. 그가 세상을 떠나던 날 백성들은 하늘을 울릴 정도로 통곡했고, 성 전체가 일손을 멈추었다. 그의 영구(靈柩)가 고향인 해남으로 운송되자 상복을 입은 수많은 사람들이 100리나 줄을 지어 애도했고 집집마다 그의 영정을 그려놓고 제사를 올렸다.

난득호도

難得糊塗

총명하기도 어렵고
멍청하기도 어렵다

정판교(鄭板橋, 1693~1765)
청나라의 화가, 시인

정판교는 예술과 현실 상황을 연결하여 사회의 부조리를 폭로한 화가이자 시인이다. 관직에 나가긴 했지만 새장에 갇힌 것 같은 생활을 견디지 못했다. 억울하게 누명을 쓰자 그는 뒤도 돌아보지 않고 벼슬을 버리고 자유롭게 예술 창작에 전념했다. 그림과 글씨를 팔아 연명했지만 자신의 원칙을 배신하지 않았다. 그야말로 공자의 수제자 안회(顔回)의 '안빈낙도(安貧樂道)'의 경지를 터득한 사람이었다. '난득호도'는 그런 그의 경지를 유감없이 보여주고 있다.

정판교는 관직에 있을 때도, 물러났을 때도 늘 백성들 생각뿐이었다. 자식 교육에서도 백성이 빠지지 않았고, 그의 작품에서도 백성이 주인공이었다. 그가 그린 난, 대나무 그리고 돌은 모두 백성들의 모습 그 자체였다.

백성을 연민하고 사랑하다

예술과 현실 상황을 연결하여 사회의 부조리를 폭로한 화가이자 시인이었던 정판교는 백성들과 어울려 살며 백성들을 연민하고 사랑했던 참다운 사람이었다.

그는 52세에 아들을 얻고 외지로 있으면서 어린 자식과 집안이 걱정되어 대신 집안일을 돌보던 동생에게 편지를 보냈다.

"내 나이 쉰둘에 아들을 얻었으니 얼마나 사랑스럽겠는가? 하지만 자식 사랑도 정도에 맞아야만 한다. 놀 때라도 충직하고 넉넉한 마음을 갖도록 가르쳐야 하며, 남을 가엾게 여기고 각박하게 굴지 말아야 하는 것을 가르쳐야 한다."

그러면서 정판교는 새장에 새를 가두어 기르듯 자식을 교육시켜서는 안 된다면서 이렇게 덧붙였다.

"나는 평생 새장에 넣고 새를 키우는 것을 가장 싫어했다. 내 입장에서는 오락거리로는 즐거울지 모르지만, 새는 새장에 갇혀 있어야 하지 않는가? 억울하게 새의 본성을 죽여서 내 즐거움을 채워야 한다는 것이 말이 되는가? 머리카락으로 잠자리를 묶고, 노끈으로 게를 붙들어 매어 아이들의 장난감으로 가지고 노는데, 잠깐 사이 손발이 끊어져 죽어버린다. 천지가 만물을 낳아 힘들게 기르는 법, 개미 한 마리 벌레 한 마리라도 천지음양과 오행의 기운을 받아 태어나고 하늘과 땅도 온 힘을 기울여 그들을 아끼고 돌본다. 그리고 만물의 품성 중에 인간이 가장 고귀한 것이다. 우리가 하늘이 주신 어진 덕성을 몸소 깨닫지 못하고, 또 늘 같은 마음으로 그것을 지키지 못한대서야 만물이 어디 기대어 생존하겠는가?"

정판교는 자신의 말대로 자유롭게 살았다. 사람들은 놀림 반 부러움 반으로 그를 괴짜 내지 괴물이라 불렀다. 하지만 이 별명에는 자신들을 진정으로 아끼고 위할 줄 알았던 정판교에 대한 백성들의 애정이 짙게 배어 있다. 역대 명인들의 삶이 값져 보이는 것은 그들이 위기상황에서, 고난의 갈림길에서 늘 옳은 선택을 했기 때문이다. 정판교는 관직을 버리고 백성들의 삶 속으로 뛰어드는 선택의 기로에서 결코 주저하지 않았다.

중국의 전 총리 원자바오(溫家寶)는 외국 순방을 앞두고 유럽 언론과 가진 인터뷰에서 "잠들기 전 무슨 책읽기를 좋아하고, 어떤 문제로 종종 잠 못 이루는가?"라는 질문에 중국의 옛 시와 국내외 명언 6편을 연이어 읊었는데 그중 정판교의 시도 포함되어 있었다.

관저에 누워 대나무소리 듣자하니,
백성들 신음소리처럼 들리는구나!

시, 글, 그림에 능한 삼절

정판교의 이름은 섭(燮), 자를 극유라 했으며 판교는 그의 호이다. 강
소성 흥화 출신이다. 강희 연간에 수재, 옹정 연간에 거인을 거쳐 건
륭 원년인 1736년에 진사가 되었으며 산동성 범현과 유현의 지현을
지냈다. 그는 짧은 관직 생활 동안 평민을 동정하고 부호들의 행패
를 막는 등 선정을 베풀었다. 유현에 부임하여 큰 기근이 들었을 때
는 관부의 창고를 즉각 열어 백성들을 구했다. 그러나 건륭 18년인
1753년 고관의 심기를 건드려 결국 관직을 떠나게 되었다. 그가 떠
나는 날 백성들은 그를 붙들고 울음을 터뜨렸으며, 살아 있는 사람
의 사당인 생사(生祠)까지 세워 그의 행적을 기릴 정도였다.

정판교는 문학과 예술 등 여러 방면에서 재능을 발휘해 그림으
로는 대나무, 난초, 돌을 잘 그렸다. 또한 예서에 해서를 섞는 독특
한 서체를 창안했는데 이를 판교체라 불렀다. 시와 글, 그림 모두를
잘할 뿐만 아니라 독특한 개성을 발휘하여 세인들로부터 '삼절'이란
평을 들었다.

관직을 그만둔 후로 정판교는 예술과 자유의 도시 양주에서 그
림을 팔아 생계를 유지했는데, 서민들과 어울리며 자유롭고 호방하
게 살았다. 당시 양주 사람들은 정판교처럼 권세를 뜬구름처럼 여기
며 어디에도 얽매이지 않고 고고하게 살았던 괴짜 예술가들을 일컬
어 '팔괴(八怪)'라 했는데, 정판교도 그중 한 사람이었다.

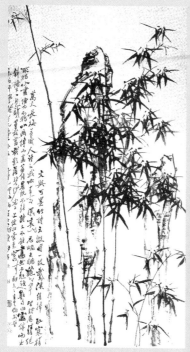

정판교가 그린 대나무 그림

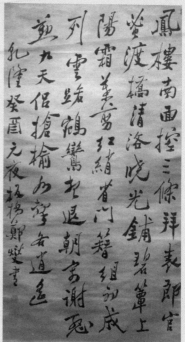

정판교의 글씨

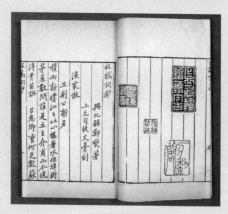

정판교의 작품집

정판교의 시는 그의 삶처럼 자유롭고 개성이 넘쳤다. 보통 문인들에게서 발견되는 모범적이고 형식적인 경향을 배제하고 천진하고 낭만적인 멋을 추구했다. 또 자신의 감정을 직설적이고 진솔하게 표현하되 사회의 현실에 접근하여 백성들의 고통이나 탐욕스러운 관리의 폭정을 서슴없이 폭로했다.

대표적인 그림으로는 '난죽도', '죽석도' 등이 있고, 사회 현실을 폭로한 시로는 '도황행(逃荒行)'을 비롯하여 '사형악', '환가행', '고아행' 등이 있다. 문집으로는 1962년『정판교전집』이 비교적 완전하게 묶여 나왔다.

'도황행'은 백성을 진정 사랑했던 그의 정신세계와 삶을 대변한다. 이 시는 1750년대 농민들이 대량으로 파산하여 이리저리 흩어진 상황을 묘사하고 있다. 당시 농민들은 수재와 가뭄에 부패하고 부유한 사대부와 지주들의 탐욕 때문에 땅을 잃었다.

열흘에 아이 하나 팔아치우고
닷새에 마누라 하나 팔아버렸다.
이제는 이 몸 하나 덩그러니 남아
아득히 멀고 먼 길 홀로 나섰네.
길은 꼬불꼬불 멀기만 한데
관산엔 승냥이 호랑이 뒤섞여 있구나.

아! 초췌한 나의 살갗과 머리털

허리와 팔뚝도 부러졌도다.

사람 보면 눈이 먼저 휘둥그레져

삼키려던 먹이 도리어 다시 토해낸다.

길가에 버려진 아기를 보면

가여워 솥에 담아 어깨에 둘러맨다.

제 자식은 모두 팔아버리고

남의 자식 도리어 키워주누나.

이제는 이 한 몸 편해졌건만

마음은 이내 슬퍼지노라.

수많은 사연 안고 말도 못하고

바람 앞에 홀로 서서 눈물 철철 쏟아낸다.

1752년 정판교가 유현에 재직할 당시, 큰 자연재해가 닥쳤다. 그는 백성들이 너무 힘들어 고향을 떠나는 모습을 보고는 괴로움을 견딜 수 없어 조정에 구제를 거듭 요청했다. 그러나 조정에서는 이런 상황에 대해 눈을 감았고, 도리어 상사의 미움을 샀다. 정판교가 구제금으로 사욕을 차리려 한다고 모함하고 나선 것이다. 나이 60세 정판교는 주저 없이 벼슬을 내던졌다.

정판교는 사직 후 다시 양주로 돌아왔으나 생활은 궁핍 그 자체였다. 딸을 시집보내면서는 혼수는커녕 '난화춘풍(蘭花春風)'이란 글씨만 써서 보냈을 정도였다.

정판교는 먹고 살기 위해 그림과 글씨를 내다 팔면서도 세 부류에게는 절대 팔지 않은 것으로 유명하다. 지위가 높고 위세가 대단한 사람과 생계에 전혀 지장이 없는 사람에게는 팔지 않았고, 또 자기가 좋아하지 않는 것은 안 팔았다. 게다가 글과 그림을 팔러 갈 때면 늘 큰 자루를 들고 가서 대가로 받은 돈과 양식을 모두 자루에 담아 왔다. 오는 길에 가난한 사람을 만나면 자루를 풀어 아낌없이 나누어 주어 집에 돌아왔을 때는 자루가 비어 있기 다반사였다.

많은 사람들이 이런 그를 이해하지 못했다. 온갖 억측이 난무했다. 당시 그의 그림은 정통 화풍과는 상당히 달랐다. 그래서 화단에서는 '편사(偏師)'니 '괴물'이니 하는 말로 그를 이단시했다. 당시 정판교를 포함하여 비슷한 성향의 예술가 여덟 명을 '양주팔괴'라 했는데, 정판교는 그중에서도 으뜸이었다. 정판교는 또 "우리는 난초와 대나무 그리고 돌을 그려 천하의 노동자를 위로하고 천하의 안락을 추구한다"고 했다. 자신이 그림을 그리는 것은 백성들을 위한 것이라는 의미였다. 그가 절개와 지조, 그리고 굳센 의지를 상징하는 대나무와 매화, 돌을 그림의 소재로 즐겨 삼은 것도 이와 무관하지 않다.

고관대작들은 그의 그림이나 글을 구하기 몹시 어려웠다. 그러다 보니 정판교의 글과 그림에 대해 악의적인 비평을 일삼았다. 정판교는 이런 분위기를 훤히 알고 있었지만 일체 대응하지 않았다.

정판교의 초상화

그리고 자신의 의지를 암시하기 위한 방법의 하나로 '호도난득(糊塗難得)'이란 도장을 새겼다. '멍청하기란 참 어렵다'는 뜻으로, 세간의 비난에 대한 야유와 조롱이었다.

이렇듯 정판교의 예술 세계는 그림과 시 그리고 글씨가 오묘하게 조화를 이룬 위에 꼿꼿한 지조와 절개까지 더해 누구도 넘보기 힘든 남다른 경지를 개척했다.

정판교는 늦둥이 아들 소보(小寶)의 교육에 많은 정성을 쏟았다. 직접 해보아야 백성들의 고달픈 삶을 몸과 마음으로 이해할 수 있다고 믿었기 때문에 백성들의 삶을 체험하게 했다.

늙고 병든 정판교가 하루는 아들 소보를 불러 직접 만든 만두가 먹고 싶다고 했다. 아들은 한걸음에 주방으로 달려가 만두를 만들기 시작했다. 소보가 만두를 들고 아버지 곁으로 왔을 때 정판교는 이미 숨을 거둔 뒤였다. 소보는 대성통곡하다가 탁자 위에서 종이를 발견했다. 아버지가 쓴 편지였다.

"자기가 땀 흘려 자기 밥을 해먹고, 자기 일은 자기가 한다. 하늘이나 조상 그리고 타인에게 기대는 사람은 대장부가 아니니라."

아버지의 간결하면서 의미심장한 유언에 소보는 또 한 번 통곡했다. 소보는 아버지의 당부대로 자립의지를 굳혔다. 그러나 안타깝게 소보는 오래 살지 못했다.

23 | 분골쇄신

粉骨碎身

나라와 백성을 위해 온몸을 바치다

임칙서(林則徐, 1785~1850)
청나라의 애국 정치가

아편전쟁의 영웅으로 중국 역사에 깊게 각인되어 있는 임칙서는 청렴하고
멸사봉공하는 진정한 관료의 표본이었다. 또한 자식에게도 좋은 말과 옳
은 행동이 일치하는 최상의 모범이 되는 부모였다.

임칙서의 삶은 백성과 나라를 위한 근심과 실천적 행동이 함께한 시간이
었다. 그는 각종 구제활동을 조직하고 돈을 모금하여 고아들과 어려운 노
인들을 거두었으며, 재난을 피한 지역의 사람을 동원하여 재난 지역의 사
람들을 도왔다. 그리고 재난을 틈타 나쁜 일을 하는 무리들과 탐관오리들
을 경력하게 응징하였다. 이런 그를 백성들은 '임청천(林靑天)'이라 부르며
존경했다.

아편 근절에 나서다

청나라 도광제 19년인 1839년 광동성(廣東省) 광주(廣州)의 한 거리에 몸이 장작개비처럼 말라 비틀어진 검회색 얼굴의 남자가 담장 한 귀퉁이에 몸을 웅크린 채 쉴 새 없이 몸을 떨고 있었다. 코와 눈에서는 콧물과 눈물이 주룩주룩 흘러내리고 있었다. 아편중독자였다. 변복을 하고 백성들의 아편 흡입 상황을 조사하러 나온 당시 55세의 임칙서는 이 모습을 보고는 무슨 일이 있어도 아편을 뿌리 뽑아야겠다는 결심을 굳혔다.

며칠 뒤, 임칙서는 황제가 직접 파견한 흠차대신의 신분으로 몇몇 서원들에 통보하여 젊은 학생들을 대상으로 시험을 치르겠다고 알렸다. 학생들이 시험장에 다 모이자 문은 단단히 잠겼고, 학생들은 긴장된 표정으로 문제지를 기다렸다. 문제지를 받아든 학생들은 깜짝 놀랐다. 문제지에는 이렇게 쓰여 있었다.

'이 시험은 문제에 답을 쓰지 않아도 좋다. 그러나 각자가 알고 있는 아편 판매자의 이름과 주소 및 활동 상황 등을 반드시 써내야 한다. 특히 관리들의 판매 내막에 대해서는 빼놓지 말고 써내라.'

각지에서 모여든 젊은 학생들은 평소 아편의 폐단에 대해 강한 비판의식을 갖고 있던 터라 자신들이 알고 있는 상황을 모두 써냈다. 임칙서는 이렇게 해서 아편과 관련된 다양한 정보를 얻어 아편 근절에 적극 나설 수 있었다.

임칙서의 아편과의 전쟁은 이렇게 시작되었다. 그는 아편전쟁 시기 아편을 엄격하게 금지하고 서방 자본주의 침략에 저항했던 애국 정치가로 역사에서는 근대 중국에서 '눈을 뜨고 세계를 바라본 최초의 인물'이라고 부른다.

서방 자본주의 침략에 저항했던 애국 정치가

———

임칙서는 자를 원무(元撫), 또는 소목(少穆)이라 했고, 본적은 복건(福建) 포전(浦田)으로 지금의 복주(福州) 서문가(西門街)에서 태어났다. 아버지 임빈일은 학생을 가르치는 일로 생계를 이끌어가는 수재로 여러 차례 시험에 응시하였으나 합격하지 못하고 희망을 아들에게 걸었다.

어려서부터 신동 소리를 들은 임칙서는 1811년에 27세로 진사에 급제하여 서길사(庶吉士)에 임명되었다. 1820년부터 절강, 강소 등 각지의 지방관을 역임하면서 수리사업, 해운 기획, 빈민구제 등 백성들을 위한 선정을 많이 베풀었다. 관직에 있는 동안 그는 혼신의 힘을 다해 의미 있는 정치를 실천했다. 강소에 심각한 가뭄이 들었을 때는 조정의 문책에도 아랑곳 않고 민간의 고통을 호소하는 한편 세금 면제를 요청하기도 했다. 원활한 화폐유통을 위해 서양 동전에 대한 일률적인 사용금지에 반대하고 은폐의 주조를 주장했다. 이는 중국 근대 화폐개혁의 선구였다.

임칙서는 1837년 호광총독(湖廣總督)에 임명되었다. 이때는 아편이 벌써 중국과 민생에 심각한 피해를 주던 상황이었다. 1838년 홍로시경 황작자(黃爵滋)가 아편 흡입자를 사형에 처하자는 의견을 제기하자 도광제는 각지 순무들에게 의견을 올리도록 했다. 임칙서는 아편을 근절할 수 있는 구체적인 여섯 가지 방안을 제기하는 한편, 호광에서 먼저 실시하여 뚜렷한 성과를 거두었다. 그해 8월, 임칙서는 역대 아편금지 정책이 실패한 까닭은 엄격하게 금지를 실천하지 못했기 때문이라고 지적하면서 아편을 근절하지 못하면 몇십 년 뒤 중원은 적의 군대를 막을 병사를 가지지 못할 것이라고 경고했다. 11월, 흠차대신이 되어 광동의 아편 금지에 나서는 한편 절제광동수사의 직책으로 항구 도시들을 대상으로 실태조사에 나섰다.

1839년 정월, 광주에 도착한 임칙서는 양광총독 등정정(鄧廷楨) 등과 함께 서양 상인에게 아편을 기한 내에 모두 내놓으라고 통보했다. 그는 강력한 의지와 확고한 소신으로 아편 몰수에 나서 영국 상선에 실려 있던 아편을 전부 거두어들여 4월 22일(양력 6월 3일) 호문(虎門)의 모래사장에서 아편을 불태웠다. 20일 동안 아편 19,179상자, 2,119부대 총 2,376,254근을 불태웠다. 이것이 중국 역사상 가장 유명한 사건의 하나인 '호문소연(虎門銷煙)'이었다. '호문소연'은 '연

아편을 흡입하는 중국인들

18세기 중국인들이 아편을 흡입하는 모습을 그린 그림이다.

아편을 소각하는 모습을 표현한 조형물

소호문'이라고도 하는데, 임칙서가 광주 호문에서 아편을 금지한 것을 가리키는 표현이다.

　이렇게 바쁘고 힘든 공무의 와중에서도 임칙서는 외국의 상황을 파악하는 데 주의를 기울여 서양의 책과 신문을 번역하는 조직을 만들어 대책을 강구하고 교섭을 처리하는 데 참고가 될 수 있게 했다. 그리고 번역한 자료를 『사주지(四洲志)』, 『화사이언(華事夷言)』, 『오문신문보(澳門新聞報)』 등으로 엮어 냄으로써 중국 근대 최초로 외국을 소개하는 문헌이 되었다.

　외국의 침략을 방지하기 위해 임칙서는 해안 방비를 크게 정비하는 등 적극적으로 준비에 나서는 한편 외국의 대포를 사들여 포대를 강화했다. 또 외국 군함과 함포의 도면을 수집하는 준비자세도 보였다. 그는 백성들의 민심을 활용할 수 있다고 굳게 믿고 지방단련(민간 군사조직)을 조직하고 연해 지방의 어민들을 중심으로 의용군을 모집하여 훈련을 시켰다. 7월, 영국이 중국 촌민을 살해한 영국군 수병을 인도하지 않고 아편을 더 이상 들여오지 않겠다는 보증을 거부하자 영국 상인이 오문(마카오)으로 들어오는 것을 단절했다. 이에 영국은 무력행동에 나섰고 구룡(九龍)과 천비(川鼻)에서 해전이 벌어졌다. 임칙서는 몸소 호문 방어에 나서 군사들을 독려하여 영국군을 물리쳤다. 11월, 조정의 명령에 따라 중국과 영국의 무역을 정지시켰다.

　1839년 12월 양광총독에 임명된 임칙서는 영국이 침략전쟁을 도발하기 위해 준비하고 있다는 것을 알아채고 서방의 소식들을 다섯 차례에 걸쳐 보고하면서 연해 각 성들로 하여금 전쟁 준비에 나서도록 해야 한다고 건의했다. 아편전쟁이 터졌고, 중국은 잇달아 패배했다. 도광제는 두려움에 화친을 구걸하면서 책임을 임칙서에게 돌리고자 여러 차례 그를 문책했다. 9월, 임칙서는 파직되어 광동성에 머무르면서 조사를 받았다. 이듬해 5월, 도광제는 광동에서의 패전 책임을 전임 임칙서에게 물었고, 결국 그는 신강성(新疆省) 이리(伊犁)로 유배당했다.

임칙서가 나라와 백성을 위해 분골쇄신(粉骨碎身)하고 있을 때 다른 한편에서는 자신의 부귀영화를 위해 나라를 파는 자들이 있었다. 기선(琦善, 약 1790~1854), 목창아(穆彰阿, 1782~1856), 이홍장(李鴻章, 1823~1901) 등이 대표적이다. 이들은 '외적이 쳐들어오는 것은 겁나지 않아도 자기 자리가 흔들리는 것은 겁을 내는' 자들이었다. 목창아와 기선은 모두 국가의 중신으로서 대대로 황제의 은총과 국록을 받았으면서도 은혜를 갚을 생각은 않고 나라를 저버렸다. 아편 무역으로 부당한 이득을 챙겼을 뿐만 아니라, 서양인으로부터 뇌물을 받는 등 국가와 민족을 배신하고 내팽개쳤다. 임칙서의 아편금지조치를 훼방놓고 도광제 앞에서 여러 차례 임칙서를 헐뜯었다. 임칙서가 호문에서 아편을 불태운 것을 구실로 서양인들이 땅을 떼어줄 것과 배상할 것을 위협조로 요구하자, 이 간신들은 임칙서의 아편금지가 큰 화를 불러 일으켰다며 비방하고 관직에서 내쫓아 버린 것이다.

귀양길에 임칙서는 오랜 친구 위원(魏源)에게 『사주지』 등 각종 외국 관련 자료들을 넘겨주면서 『해국도지(海國圖志)』의 편찬을 부탁했다. 유배 중에도 황하가 하남 개봉에서 범람하여 수재가 심각하자 조정의 명을 받고 하남 황하 수리공사에 나섰다가 다시 유배지로 돌아가기도 했다.

1842년 이리로 돌아온 임칙서는 그 지역 지방관을 도와 장장 3만 리를 돌며 각지를 순찰하여 수리사업의 필요성을 역설하고 둔전을 개척했다. 1845년 다시 섬감총독에 기용되었고, 이듬해 섬서순무로 옮겼다. 1847년 운귀총독으로 승진했다. 이 기간에 그는 서북과 서남 민족의 충돌과 인민기의를 평정하거나 진압했다. 1850년 10월, 광서 농민봉기의 진압을 책임진 흠차대신에 임명되었다. 이 무렵 임칙서의 온몸은 병마가 뒤덮고 있었으나 그는 자신의 몸을 돌보지 않고 광서로 달려갔다. 하지만 그의 몸은 긴 여정을 버틸 수 없었다. 10월이 가기 전 광동 조주(朝州) 부근 보녕현(普寧縣)의 객사에 도착했을 때 그는 더 이상 일어나지 못했다. 임칙서가 이리로 유배되었을 때 서양 상인들이 임칙서가 재기할 것을 두려워해서 그의 주방장을 뇌물로 매수했다. 돈에 눈이 먼 이 천박한 소인은 임칙서에게 약을 탄 음식을 먹였고, 임칙서는 멈추지 않는 복통과 설사로 병이 나서 끝내 일어나지 못했다고 한다. 그의 나이 66세였다. 문충(文忠)이란 시호를 받았고 태자태부가 추증되었다.

백성과 자식을 걱정하는 임칙서의 말년

임칙서가 조정 간신배들의 시기와 질투 그리고 온갖 모함 때문에 아편과의 전쟁을 마무리하지 못하고 신강으로 유배갔을 때도 그는 여전히 백성들의 복리를 위해 전력을 다했다. 60세의 고령에도 불구하고 1년 동안 산과 구릉 그리고 사막 등을 돌아다니며 사막 지역에 물을 보급할 수 있는 계획을 수립했다. 토로번(吐魯番, 투루판)에서는 뜨거운 태양에 물이 증발하지 않도록 지하 수도인 카레즈(坎兒井)를 파서 물을 공급하는 한편, 신강 전역에 수차(水車)를 보급하였다.

임칙서의 이런 자세와 정신은 어릴 때부터 몸에 배어 있었다. 어린 시절 임칙서는 매일 학교에 가면서 어머니와 누이가 만든 종이꽃을 거리에서 팔았다. 팔다 남은 꽃은 꽃 가게에 위탁 판매하였는데 학교를 마치면 바로 꽃을 판 돈을 어머니에게 드렸다고 한다. 관직 생활을 하면서도 그는 이런 근검절약하는 미덕을 끝까지 지켰다. 그는 두 개의 성을 총 책임지는 양광총독이라는 고관대작이었지만 의식주는 결코 사치스럽지 않았고, 당시 고관들이라면 거의 예외 없이 관행처럼 되어 있던 축첩(蓄妾)도 하지 않았다. 그러니 백성들이 존경할 수밖에 없었다.

임칙서가 관직을 박탈당하고 저 멀리 사막 지역인 신강에 유배된다고 하자 광주 백성들은 자발적으로 그의 거처를 찾아와 위로하면서 신발, 우산, 거울, 향로 등을 주며 이별을 아쉬워했다. 임칙서는

임칙서의 초상화

임칙서는 청나라 때 백성들 사이에 아편 중독자가 늘어나자 아편과의 전쟁에 나서 아편을 엄격하게 금지하고 서방 자본주의 침략에 저항했다. 시기와 모함을 받기도 했지만 굴하지 않고 평생을 나라와 백성을 위해 온몸을 바쳤다.

눈물을 보이며 백성들에게 마음 깊이 감사했다. 그러면서 소박한 몇 개의 이별 징표만 받고 나머지 선물들은 모두 거절하였다.

임칙서가 운남과 귀주를 책임지는 운귀총독에 임명되었을 때 어느 해 추석날 밤, 임칙서는 가볍게 술을 마시며 달을 감상하면서 관속들과 함께 명절을 보냈다. 곤명(昆明) 총독부는 작은 정원과 넓은 뜨락, 그리고 긴 복도가 있는 것이 임칙서의 고향 복건과 구조가 같았다. 그러다 임칙서는 별 생각 없이 "이 집 풍광이 참 좋구나. 그런데 이 긴 복도에 등을 하나 걸면 한결 좋을 것 같구나"라고 했다. 이튿날 임칙서는 깜짝 놀랐다. 어제 자신이 말한 대로 복도에 등이 걸려 있었기 때문이다. 등은 긴 복도의 난초와 어우러져 운치를 더했다. 하지만 임칙서는 어제의 실언을 후회했다. 등과 난초를 치우도록 하고는 앞으로 더욱 더 말조심해야겠다고 다짐했다.

임칙서는 평생 구국의 일념으로 청렴한 삶을 살았다. 말년에 약간의 부동산 외에는 유산을 남기지 않았다. 그는 아들들에게 남긴 재산 분배서에서 "밭과 집은 원래의 가치에 따라 셋으로 나누어라"라고 했다.

그가 운귀총독으로 있을 때 방만한 군비 지출과 아편전쟁의 패배로 인한 배상금은 청나라 정부의 재정을 파탄으로 몰았다. 이에 임칙서는 "병은 알되 약이 없으면 병을 모르는 것과 같다"며 약을 찾는 일을 자신의 중요한 임무로 삼았다. 그는 충분한 조사와 연구를 거쳐 운남 광산을 정리하고 철강 정책으로 바르게 잡는 한편 은

광을 개발하자는 제안을 냈다. 그러고는 상인들에게 채굴권을 주어 적극적으로 채굴에 나서도록 했다. 국가 재정을 보충하자는 실질적인 제안이자 실천이었다. 그러나 회족의 저항이 갈수록 심해졌고, 농민 봉기도 끊이질 않아 매일 격무에 시달렸다. 몸은 병들었고, 아내가 먼저 세상을 떠나는 바람에 비통함에 더욱 지쳤다. 아내가 세상을 떠나기 전 임칙서는 아내에게 이런 편지들을 보냈다.

"관리가 되는 일은 쉽지 않고 높은 자리의 관리가 되는 것은 더욱 쉽지 않다오. 내가 황제의 명을 받고 광동으로 부임하자 모두들 달려와 축하를 하며 법석을 떨었소. 하지만 사실 자리가 높을수록 목숨도 그만큼 위태로워지는 법. 옛 사람들은 처음 관직에 임명되면 등을 굽혀 예를 갖추고, 두 번째 임명되면 몸을 굽혀 공경을 표시하고, 세 번째 임명을 받으면 더욱 몸을 굽히고 머리를 깊이 숙여 사의를 표시했다고 하오. 이는 그저 형식적으로 하는 행동이 아니라 자기도 모르게 나오는 행동이라오.

두 아이에게 절대 근신하고 조심하라고 단단히 일러두세요. 행여 이 아비의 권세를 믿고 관부 쪽과 함부로 왕래하는 일 없도록 하고, 더욱이 지역 일에 간여하는 일은 절대 없도록 일러두세요. 큰놈은 경성에서 그런대로 근신하고 조심하는 것 같아 마음이 놓이는 편이지만, 작은놈은 집에 있으니 부인께서 가르치실 수밖에 없습니다. 대과 시험이 가까워지고 있으니 더욱 더 간절히 공부에 힘쓰도록 일러주시구려."

"집안 살림은 어떻소? 절약할 수 있는 곳은 절약해야겠지만, 그럴 수 없는 곳까지 지나치게 절약할 필요는 없소이다. 자기 집 배가 맛있다고 해서 남들이 심지 못하도록 씨에다 구멍을 뚫었다는 왕융(王戎, 위진시대의 인물)의 행동은 어쨌거나 현명치 못하오. 남에게 보이기 위해 일부러 헤지고 거친 이부자리를 덮고 살았다는 공손홍도 비열한 소인에 지나지 않소. 사람이 사물을 대할 때는 큰 곳에서부터 눈을 돌려야 하오. 한 푼을 아끼려는 인색한 행동은 내가 바라지 않는 바이오."

"봐서 괜찮다면 나아가고 어려우면 물러서라는 부인의 간절한 편지는 잘 받았소. 그것이 자신의 몸을 지키고 가정을 보호하는 방법이긴 하지만 신하된 자가 군주를 섬기는 길은 아닌 것 같소. 하물며 내가 관리 생활을 한 지 오래 되었고 이런저런 경력까지 있으니 경솔하고 구차하게 일을 처리하여 심려를 끼쳐서는 결코 안될 것이오. 게다가 천자께서 현명하게 모든 일을 잘 살피고 계시니 자신의 잘못으로 벌을 받는 것이 아니라면 자신에 재앙이 미치지는 않을 것이오. 이런 점들에 대해 부인께서는 안심하시오."

그런가 하면 아들에게는 이런 편지를 남겼다.

"지금 이 애비가 여덟 자나 되는 수레를 탈 수 있을 만큼 큰 권한을 가진 자리에 있다만 이 역시 대부분은 황상께서 내려주신 은혜이지 내게 그런 능력과 재능이 있어서가 아니란다. 그러므로 내 아들은 이런 점을 공부를 통해 더 잘 알아야 할 것이다. 좀 더 먼 친구라도 늘 안부를 묻고, 가난한 친척들이라도 놓치지 말고 두루 살펴야 할 것이다. 형제와 부부지간에도 그에 상응하는 예절이 있어야 함은 당연하고.

성취한 업적을 잘 지켜야 편안함을 얻을 수 있다. 한자리 한다고 해서 다른 사람 앞에서 교만하게 굴어서는 안 된다. 노력하는 것이 가장 값지며, 성현들의 책도 많이 읽어야 한다. 그렇지 않으면 저급한 취미에 빠지기 십상이다. 고대의 훌륭한 관리는 관리가 되고나서도 공부를 게을리 하지 않았다. 네가 관리가 되면 이렇게 하지 않고 잘난 척하며 공부를 포기하겠니? 옛 사람들은 집안의 장남을 가독(家督)이라 불렀는데, 가정을 유지하고 부모를 잘 모시라는 뜻에서였다. 바로 내 아들이 책임을 다해야 할 일이다."

절약하되 인색해서는 안 된다는 임칙서의 경제철학과 요령, 복지부동이나 눈치살피기식 관직 생활은 옳지 않다는 지적은 귀담아 들어야 할 대목이다. 또한 공부보다 인간이 되기 위한 노력의 중요성을 강조한 점 등은 짧은 내용이지만 삶의 철학이 온전히 녹아 있다.

임칙서는 바쁜 공무에도 평생 시와 문장 그리고 글씨를 즐겨하여『운좌산방잡록(雲左山房雜錄)』,『사전음초(使滇吟草)』등을 저술했다. 남겨진 글과 일기 그리고 편지 등은 훗날『임칙서집(林則徐集)』으로 묶여졌다.

24 | 清廉潔白 청렴결백

호남은 단 하루라도
좌종당이 없으면 안 된다

좌종당(左宗棠, 1812~1885)
청나라 말기의 정치가

좌종당은 청나라 말기의 정치가이자 이름난 지도자로서 정계를 이끌었다. 좌종당은 말년의 10년 중 5년을 신강 수복에 바치고, 5년은 조정에서 정치투쟁을 벌였다. 황실을 비롯하여 조정 대신들 대부분이 무기력하고 부패가 만연해 있었던 상황에서도 좌종당은 깨어 있었다. 그는 천하 정세에 관심을 가지고 그 거대한 변화를 감지했던 선각자이기도 했다. 국력의 중요성을 역설했고, 국제 정세에 대한 정보력이 얼마나 중요한가를 강조했다. 당시로서는 참으로 보기 드문 청렴하고 강직한 장수이자 지식인이었다.

신강 수복을 달성하다

좌종당은 자가 계고(季高) 또는 박존(朴存), 호가 상상농인(湘上農人)이라 했다. 호남(湖南) 상양(湘陽) 출신으로 그의 집안은 7대에 걸쳐 과거에 급제한 인재들을 배출한 명문가였다. 이 때문에 '서향세가(書香世家)'란 명예로운 이름으로 불렸다. 아버지는 훈장을 지냈다.

좌종당은 21세에 장사(長沙) 성남서원(城南書院)에 들어가 성내에서 이름난 인재로 성장했다. 그러나 그해 지방의 향시에 합격한 후 서울로 올라가 과거를 치렀으나 세 번이나 낙방했다. 그 후 좌종당은 생각을 바꾸어 세상을 경략하는 다양한 학문에 눈을 돌렸다. 지리학부터 변방 문제와 대외 관계를 연구했다. 더 나아가 정치, 경제 그리고 국가경제와 국민생활에 관한 공부도 병행했다. 수년간에 걸친 각고의 노력으로 좌종당은 국내의 정세는 물론 국제 정세에 정통한 전문가로 거듭났다.

좌종당은 23세의 나이로 결혼했는데 그때 그는 신방에 친필로 "몸에는 땅 반 마지기도 없지만 마음은 천하를 걱정하고, 만권의 책을 독파하여 옛 사람들과 정신적으로 교감한다"라는 글을 걸어 놓고 죽을 때까지 그 정신을 지켰다.

1849년 겨울 임칙서가 운귀총독을 그만두고 고향으로 돌아가는 길에 장사를 들렀을 때 좌종당을 만났다. 임칙서는 좌종당을 세상에 둘도 없는 특별한 인재라고 극찬했다.

좌종당의 초상화

좌종당의 글씨

공부를 어느 정도 끝낸 좌종당은 호남순무 낙병장(駱秉章)의 참모로 일하다가 다시 당시 호남 지역의 정신적 지주이자 상군(湘軍)의 창설자인 증국번(曾國藩) 밑에서 군사 업무를 도왔다. 1860년 증국번은 좌종당에게 상군 5,000명을 이끌고 강서(江西)와 환남(晥南)으로 가서 태평천국의 봉기군과 싸우라고 지시했다. 좌종당은 승리를 거듭했고, 태평천국의 봉기군은 심각한 타격을 입었다. 이 같은 일련의 전공으로 좌종당은 2년 뒤 절강의 순무로 승진했다가 얼마 되지 않아 다시 복건과 절강을 관할하는 민절(閩浙)의 총독이 되었다. 그리고 1866년에는 섬서와 감숙을 총괄하는 섬감(陝甘)의 총독으로 임명되는 등 요직을 두루 거쳤다.

　　1871년 좌종당이 60세가 되던 해 러시아 군대가 출병하여 신강 서부의 이리를 점령했다. 러시아는 그 기세를 몰아 신강 지역 대부분을 침공하기 시작했다. 이 일은 조정의 중대사가 되었다. 청 정부 내의 보수파이자 부패 세력인 이홍장은 "신강은 내륙과 거리가 멀고 교통이 불편하다. 신강 수복에는 막대한 비용이 발생하여 득보다 실이 많다. 이밖에 러시아와의 교섭에서도 많은 어려움이 예상된다"는 논리로 신강을 포기하자고 주장했다. 대신 중원을 평정하는 데 힘을 모아야 한다고 했다. 좌종당은 이홍장의 논리에 분개하며 즉각 반박 상소문을 올려 이렇게 주장했다.

　　"신강은 예로부터 우리 땅으로 절대 포기해서는 안 됩니다. 신강을 포기하면 감숙과 섬서도 적에게 노출될 것이고, 나아가 내몽고와 산서의 안전도 보장할 수 없게 됩니다. 그렇게 되면 궁극적으로 수도인 북경 조차 위협을 받을 수 있습니다. 서북과 북경의 관계는 손가락과 어깨의 관계와 같이 연결된 한 몸이기 때문에 절대 분리하여 생각할 수 없습니다. …… 내가 올해 65세이지만 기꺼이 출병하여 신강 지역을 완전히 수복하고 싶습니다!"

좌종당은 신강 수복에 강한 의지를 보였다. 그의 강력한 의지와 조정 내 주전파의 공조로 신강 수복을 주장하는 세력들의 공동전선이 형성되었다. 이에 광서제(光緒帝)는 마침내 좌종당의 주장을 받아들였다. 1876년 봄, 신강으로의 출병 준비가 어느 정도 갖추어지자 광서제는 좌종당에게 서쪽으로 진군할 것을 명령했다. 그때 좌종당은 65세 노구의 몸이었다.

좌종당은 군대를 이끌고 감숙성 난주(蘭州)를 출발하여 비단길의 주요 길목인 하서주랑(河西走廊)을 거쳐 신강으로 향했다. 좌종당은 숙주(肅州, 지금의 주천)에서 장수들을 모아 놓고 전체적인 전략 회의를 열었다. 그는 지리학적 지식과 국내외 정세에 대한 탁월한 안목을 바탕으로 장수들에게 신강의 산천지형, 역사 연혁, 풍토 및 주의사항 등을 알려주고 정보에 따라 군사를 하나하나 배치했다.

치밀한 전략 회의를 마친 좌종당은 우선 식량을 운반하는 군대를 먼저 보낸 다음 깃발을 올리는 의식을 엄숙하게 거행했다. 장수들은

"이제 좌(左) 깃발 아래에서 어떤 어려움이 있더라도 이를 극복하고 적을 물리쳐 조국의 산하를 수복하기로 맹서한다"는 결의를 다졌다.

좌종당의 치밀한 준비로 청의 군대는 전례가 없이 빠른 속도로 이리를 제외한 신강 북부 지역 전체를 수복할 수 있었다. 좌종당은 이어 신강 남부 지역도 과감하게 공략하고 나섰다. 그러면서 그는 전군에게 특별히 명령했다.

"이번 원정은 침략자를 공격하는 것이지 위구르 족 등 백성들을 공격하는 것이 아니다. 우리 군이 이르는 곳에 대해 약탈 등과 같은 나쁜 짓을 저질러서는 결코 안 된다. 백성에 대해 애국 여부를 가지고 구분해야지 어느 민족이냐를 나누어서는 안 된다!"

신강 지역의 민족들은 좌종당의 이러한 조치와 또 엄격하게 군기를 지키는 군대를 보고 호감을 가졌다. 지역민들은 좌종당의 군대를 위해 기꺼이 길을 안내하고 현지 정보를 제공했다. 음식을 지원하는 것은 기본이었다. 심지어는 전투에 자원하여 적을 공격하는 일에 앞장서기까지 했다. 이렇듯 좌종당의 군대는 해당 지역 민족들의 전폭적인 지지를 받으면서 빠른 속도로 신강 남부 지역을 수복해 나갔다.

문제는 이리 지역이었다. 신강의 요충지인 이리는 러시아의 수중에 있어서 그곳을 수복하지 않으면 언제 어떻게 신강이 위험에 처할지 몰랐다. 신강의 통일이 이리의 수복 여부에 달려 있다고 해도 과언이 아니었다. 이에 좌종당은 지친 노구를 이끌고 최전선으로 향했다. 그는 이리를 수복하지 못할 경우 살아서 돌아가지 않겠다는 단호한 결심으로 관을 짜서 함께 가지고 출정에 나섰다. 좌종당의 기개에 장병들은 결전의 의지를 더욱 굳게 다졌고, 전군의 사기는 하늘을 찔렀다. 러시아는 좌종당의 기세와 청군의 일치단결된 모습에 두려움을 느꼈다.

문제는 부패한 청나라 조정이었다. 조정의 권력을 쥐고 있는 부패한 수구 세력들은 전선이 확대되어 러시아와 전면전이 벌어질 경우 자신들의 안위에 악영향이 미칠까 봐 조바심을 내고 있었다. 좌종당이 승리를 거듭하자 불안감은 점점 더 커졌다. 그들은 광서제를 흔들었다. 부패 수구 세력 뒤에 서태후가 버티고 있는 상황에서 젊은 광서제는 서태후의 압박과 이들의 빗발치는 정전(停戰) 요구를 물리치지 못하고 결국 좌종당을 소환했다.

좌종당은 참담한 심경으로 조정으로 귀환했다. 곧이어 러시아에 신강 북부 지역을 할양하는 조건으로 정전 협정이 체결되었다. 좌종당의 신강 원정은 절반의 성공으로 끝났다.

몸소 실천하는 깨어 있는 장수

———

좌종당은 군기를 목숨처럼 지켰으며 늘 병사들과 동고동락했다. 70세가 넘어서도 관사가 아니라 병사들과 병영 생활을 고집했다. 그와 함께 상당 기간 함께 일한 감숙 포정사(布政司) 양창준(楊昌濬)은 "자신의 봉급을 거의 사병들에게 쓰고 집에 보낸 돈은 20분의 1도 안 되었다"고 회고한 바 있고, 호북순무 호림익(胡林翼)도 늘 주위 사람들에게 "그는 한 푼도 자신을 위해 쓰는 적이 없다"고 말했다. 그래서 장병들은 그를 진심으로 존경했고, 전투에서는 기꺼이 그를 위해 목숨을 걸었던 것이다.

좌종당은 줄곧 규율을 강조했다. 자식 교육에 있어서도 다를 바가 없었다. 일찍이 큰 아들 효위(孝威)와 작은 아들 효관(孝寬)이 학생일 때 좌종당은 이런 편지를 보낸 적이 있다.

"내가 지금 너희들에게 특별히 당부한다. 2월 1일부터 매일 수행한 공부의 결과를 한 부씩 글로 써서 내가 검사할 수 있도록 북경으로 보내도록 해라. 만약에 선생님이 계시지 않아 공부를 못했으면 내가 보고 알 수 있게 표시해 놓아라."

또 작은 아들 효관에게는 격려의 편지를 보냈다.

"공부라는 힘든 과정을 참아내지 못하면 어른이 되어 무용지물이 된다. 힘든 환경도 아는데 자신의 의지를 단련할 줄 모르면 성과를 얻을 수 없다."

그는 수시로 아들들에게 편지를 보내 자기 관리와 자식들 교육에 만전을 기하라고 당부했다.

이리를 수복하기 전 좌종당이 있는 곳으로 큰아들이 왔다. 아끼고 사랑하는 큰아들이었지만 좌종당은 군영에서 묵으라고 명했다. 그런데 뼛속까지 사무치는 서북 지방의 겨울 날씨는 큰아들을 병들게 했다. 하지만 큰아들은 아버지를 원망하지도 않았고, 또 자신의 병에 대해 말하지도 않았다. 집에 돌아온 큰아들은 끝내 서북에서 얻은 병을 이겨내지 못하고 쓰러졌다. 아들의 죽음에 좌종당은 한없이 눈물을 흘렸다.

이 소식은 서북 군영 전체로 빠르게 퍼졌고, 장병들은 이 백전노장에게 무한한 경의를 표했다. 좌종당은 신강에서 침략자를 몰아냈을 뿐 아니라 그 지역 백성들과 함께 황무지를 개간하고 수리사업을 벌였으며, 또 숲을 조성하는 조림사업 등을 통해 신강에 많은 변화를 가져다주었다.

좌종당이 두 차례에 걸쳐 서북 원정에 나섰을 당시 진군을 위해 다리를 놓고 길을 닦으면서 길 양 옆으로 수양버들을 심었다. 몇 년 사이에 난주에서 주천, 하서주랑에서 합밀, 투루판에서 우루무치에 이르는 길 곳곳에 수양버들이 늘어섰다. 그래서 훗날 이 버드나무를 '좌공류(左公柳)'라 불렀다.

1881년 70세의 좌종당은 명령을 받고 북경으로 돌아갔다. 그는 군기대신(軍機大臣)과 양강총독(兩江總督) 겸 남양통상대신(南洋通商大臣) 등과 같은 요직을 수행하며 얼마 남지 않은 자신의 수명을 나라

신강에 조성된 좌종당의 석상

를 위해 바쳤다. 그러나 청나라 조정은 무기력했다. 그가 신강을 떠난 후 청은 러시아와의 조약을 통해 넓은 땅을 거의 통째로 내주었다. 1876년 좌종당이 신강 수복에 나서기 전부터 청나라는 이미 많은 땅을 잃고 있었고, 그 후로도 적지 않은 땅을 잃었는데, 총면적은 무려 약 160만 제곱킬로미터에 이르렀다. 그중 좌종당이 간여했던 서북 지역에서 빼앗긴 땅만 63만 제곱킬로미터(한반도 전체의 약 3배)였다. 만약 좌종당의 신강 수복이라는 대업이 없었더라면 훨씬 더 많은 땅을 잃었을 것이다. 이런 점에서 중국은 좌종당에게 영원히 감사해야 할 것이다.

좌종당은 말년에 안타깝게도 국력이 쇠퇴하고 서구 열강들에게 이리 채이고 저리 채이는 청나라 조정의 모습을 지켜보아야만 했다. 특히 1884년, 월남 지역에 대한 종주권을 부정하고 프랑스의 관할권을 인정하는 조약(천진 간명조관 또는 이·푸 조약)이 프랑스와의 사이에서 체결되었다. 바로 청을 대표하는 이홍장과 프랑스 대표 푸르니가 체결한 조약이었다. 이듬해 두 나라가 이 협정을 공식 승인함으로써 월남 왕국은 프랑스 식민지로 전락했다.

이 같은 무기력한 외교적 굴욕에 좌종당은 주동자인 이홍장을 강하게 비판했다.

"중국으로 보자면 프랑스 장군 열 명보다 이홍장 하나가 한 일이 더 나쁘다."

또 이홍장이 백성을 못살게 굴면서 천고에 오명을 남겼다는 극언도 서슴지 않았다. 이에 이홍장은 좌종당에게 정치적 압박을 가했다. 특히 좌종당을 따르는 장수 등을 모함하거나 탄핵하여 심하면 목숨까지 빼앗았다. 좌종당은 피를 토하는 심정으로 부하들의 억울함을 호소하는 글을 올렸지만 조정에서 반응을 보이기도 전에 그는 병으로 쓰러져 일어나지 못했다. 그때가 1885년 7월이었고 좌종당의 나이 74세였다. 조정은 그에게 태부(太傅) 벼슬을 추증하고 문양(文襄)이라는 시호를 내리는 한편 북경 소충사(昭忠祠), 현량사(賢良祠)에서 제사를 받게 했다. 또 호남과 여러 성에서도 사당을 세울 수 있게 했다.

좌종당의 깨어 있는 인식은 그의 생전과 사후에 진행된 자강(自强) 운동에 적지 않은 영향을 주었고, 이 때문에 훗날 "천하는 단 하루라도 호남이 없으면 안 되고, 호남은 단 하루라도 좌종당이 없으면 안 된다"는 평을 얻을 수 있었다.

『좌종당전』이란 좌종당 전기를 쓴 미국의 벨스는 "좌종당이 세상을 떠난 후 대략 25년 사이 사회의 빠르고 맹렬한 발전은 대청 제국의 쇠망을 가져왔다. 이런 추세는 나아가 좌종당이 제국을 구하기 위해 치렀던 거대한 노력마저 덮어버렸다. …… 그리하여 그는 관심 밖으로 멀어져 사람들에게 거의 잊힌 존재가 되었다"고 했다. 급변하는 국제 정세를 따라잡지 못한 청 제국이 결국 쇠망함으로써 그 격랑 속에 좌종당이란 존재마저 휩쓸려 내려가고 말았다는 것이다. 그러면서 새삼 좌종당이 죽는 순간까지 보여 준 깨어 있는 시대정신과 청렴결백한 지조를 평가할 시기가 왔다고 지적한다.

좌종당과 관련된 일화

좌종당과 연관된 적지 않은 일화가 있다. 좌종당은 적수가 없을 정
도로 바둑 실력이 대단했다고 한다. 한번은 미복을 하고 순시를 나
갔다가 '천하제일 고수'라는 현판을 내걸고 바둑판을 펼쳐 놓은 노
인을 발견했다. 호기심이 발동한 좌종당은 노인과 바둑 시합을 벌였
고, 천하제일 고수라는 이름이 부끄럽게도 노인은 좌종당의 적수가
되지 못했다. 의기양양해진 좌종당은 노인에게 당장 그 간판을 떼라
고 호통을 쳤다.

그 뒤 신강 원정에서 돌아온 좌종당은 그 노인이 여전히 그 간판
을 내걸고 있는 것을 보고는 불쾌한 마음으로 다시 바둑 시합을 벌
였다. 그런데 뜻밖에도 이번에는 좌종당의 완패였다. 선뜻 패배를
받아들이지 못한 좌종당이 다음 날 다시 도전했지만 역시 패배였다.
좌종당은 어떻게 이렇게 단시간에 바둑 실력이 늘 수 있냐며 비결을
물었다. 노인은 웃으면서 말했다.

"당초 미복으로 나오셨지만 좌공임을 금세 알아보았습니다. 출
정을 앞두고 계신 장군의 사기를 꺾지 않으려고 부러 져 준 것이지
요. 지금 개선하여 돌아오셨으니 이제 굳이 객기를 부릴 필요가 없
지 않습니까?"

좌종당은 자신의 아둔함을 인정하고 노인에게 진정으로 감복했다.

1970년 대만에서 식당을 운영하는 팽씨가 닭요리인 '좌종당계

(左宗棠鷄)'를 발명했다. 좌종당의 이름을 갖다 붙인 것인데 이 요리가 나오게 된 배경에는 이런 사연이 있다. 당시 대만의 최고 권력자인 행정원장 장경국(蔣經國)이 밤중에 이 식당을 찾았다. 그런데 그날 하필이면 다른 요리 재료들은 다 팔리고 닭다리만 남아 있었다. 이에 팽씨는 즉석에서 잘 볶은 닭다리 고기를 매운 고추, 마늘, 생강, 식용유 등을 잘 가미하여 신선한 색깔이 돋보이는 요리를 내왔다. 장경국은 그 맛에 감탄하며 요리 이름을 물었고, 팽씨는 임기응변으로 좌종당이 당시 즐겨 먹던 음식이라서 그 이름을 따서 '좌종당계'라 부른다고 둘러댔다. 이렇게 해서 '좌종당계'란 요리가 탄생하여 팽씨 식당의 간판 메뉴가 된 것이다.

25 一代宗師 일대종사

나라와 백성을 위한 바른 교육에 몸에 던지다

채원배(蔡元培, 1868~1940)
중국 근대 교육가

채원배는 평생 나라와 백성들의 바른 교육을 위해 온 몸을 던졌던 교육가이다. 변혁기라는 거대한 격랑 속에서 자신의 집 한 칸 없이 지조와 청렴을 지켜나갔다. 인간의 진가는 말년이나 또 어려운 시기에 더더욱 드러난다고 한다. 그때야말로 그 사람의 지조와 정신세계가 환하게 나타나기 때문이다. 채원배의 삶은 사사로운 탐욕에 찌들어 역사마저 왜곡하고 조작하려는 자들이 설치고 있는 지금 우리의 모습을 되돌아보게 한다.

민주사상에 영향을 받다

———

중국 근대사의 위대한 교육가 채원배(차이위앤페이)는 "인류의 의무는 민중을 위하는 것이지 개개인을 위한 것이 아니며, 미래를 위한 것이지 현재를 위한 것이 아니다. 또한 정신의 즐거움을 위한 것이지 육체의 쾌락을 위한 것이 아니다"라는 말을 남겼다.

그는 사회 구성원을 다음과 같이 세 종류로 나누었다.

첫째, 가장 좋은 사람은 최선을 다하되 보답을 바라지 않는 사람

둘째, 최선을 다했고 그에 상응하는 보답을 받는 사람

셋째, 최선을 다하지도 않고 많은 보답을 바라는 사람

역사는 평생 조국에 헌신하고도 보답을 바라지 않았던 그를 당연히 가장 훌륭한 첫 번째 부류에 속하는 사람으로 평가했고, 사람들 역시 그렇게 기억하고 있다.

채원배는 절강성 소흥(紹興)에서 태어났다. 소흥은 중국의 대문호 노신(魯迅, 루쉰)이 태어난 곳이기도 하다. 어릴 적 자는 학경(鶴卿)이었으나 나중에 중신(仲申)으로 바꿨다. 어려서부터 고생을 마다 않고 공부에 열중했는데, 어려운 가정형편 때문에 등불을 밝힐 수 없어 화롯불에 비춰 글을 읽곤 했다. 그는 17세에 생원, 23세에 향시를 거쳐 26세에는 진사가 되어 청나라 말 최연소 한림학사가 되었다.

채원배는 청 왕조 때 과거에 급제했지만 청의 통치사상에 물들지 않았다. 그는 한림원에 들어온 지 얼마 되지 않아 서방 자본주의

민주사상에 영향을 받았고, 얼마 지나지 않아 반청혁명의 길로 들어서게 된다. 그러고는 양독생(楊篤生)이 이끄는 암살단에 들어가 자희태후(慈禧太后, 서태후)의 동태를 정탐하는 한편, 혁명단체인 동맹회 상해 지부를 맡아 '만주족을 몰아내고 중화(中華)를 회복하여 민국(民國)을 세우고 토지를 고루 나누자'고 주장한 손중산(孫中山)을 추종했다. 이렇게 채원배는 신해혁명을 전후하여 이름난 정치 활동가로 변신했고, 신해혁명 이후 중화민국 제1대 교육총장을 맡았다.

채원배는 1913년부터 1916년까지 프랑스로 건너가 새로운 사상과 학술 및 교육제도 등을 본격적으로 공부하고 1917년 귀국했다. 1919년 5월 4일 중국 북경의 학생들이 일으킨 항일운동이자 반제국주의, 반봉건주의 혁명운동인 5·4 운동은 중국의 신민주주의 혁명의 출발점으로 평가되며, 또한 근현대사의 새로운 기원을 여는 사건으로 평가받고 있다. 1917년 50세의 나이로 북경대학의 교장을 맡고 있던 채원배는 진독수(陳獨秀), 이대소(李大釗), 호적(胡適), 전현동(錢玄同), 유반농(劉半農), 노신 등과 같은 참신한 학자와 지식인들을 교수로 초빙하여 새로운 문화 기풍을 일으켰다. 특히 노신을 이끌어주고 기용하는 데 온 힘을 기울였다.

훗날 1936년 노신이 세상을 떠나자 채원배는 장례위원장을 맡아 장례를 치렀다. 그는 추도사에서 이렇게 말했다.

"우리는 노신 선생의 정신이 영원히 살아 있게 해야 한다. 우리는 당연히 그의 정신을 계속 크게 알려야 할 책임을 져야 한다. 우리는

채원배

채원배는 신해혁명 이후 중화민국 제1대 교육총장을 맡았고 이후 프랑스 등에서 공부하고 돌아와 교육가로서 평생을 바쳤다. 죽는 순간까지 검소하게 살아 제대로 된 치료를 받지 못해 노년에는 병마와 가난에 시달렸지만 끝까지 자신의 신념을 굽히지 않았다.

선구자가 남긴 피의 발자국을 밟고 역사의 탑을 쌓아 올려야 한다."

5·4 운동 중 채원배는 학생들의 시위를 중지시키라는 군벌 당국의 명령을 거절했다. 이에 군벌 정부는 북경대학생들을 박해할 음모를 꾸몄다. 채원배는 학생들을 보호하기 위해 부득불 사직서를 냈으나 북경대학생들의 완강한 투쟁과 전국의 애국지사들의 지원으로 다시 북경대학으로 돌아왔다. 당시 한 봉건 관리는 이런 광경에 "채원배를 북경에 돌아오게 한 것은 한 무리의 서생들이 아니다!"며 놀라움을 금치 못했다고 한다.

그는 학교 교육제도를 개혁하여 평민들에 대한 교육과 백화문을 제창하였으며, 마르크스주의 연구와 전파에 대해서도 전폭적인 지지를 보냈다. 1920년 북경대학은 정식으로 여학생들을 받아들여 남녀공학을 실천했다. 또 채원배는 평민을 위한 야간학교 설립을 이끌어냈다. 그는 이 학교의 개교 때 직접 참석하여 "평민이란 뜻은 사람마다 평등하다는 것이다. 과거에는 대학생만 대학교육을 받을 수 있고 주위 사람들은 받을 수 없었는데 이는 평등이 아니다. 이제 대학생들은 권리를 나누어, 이 평민 야간대학의 평민들도 대학교육을 받을 수 있게 되었다"라고 했다. 이와 함께 채원배는 북양군벌에 반대하고 노동자를 중시하는 등 당시 진보사상계를 이끄는 지도자의 한 사람이자 5·4운동의 위대한 공헌자로서 큰 발자취를 남겼다.

1931년에 일어난 9·18 만주사변 이후에는 일본 제국주의의 침략과 장개석(蔣介石, 장제스)의 파시즘 독재정권에 강하게 반대하면서 송경령(宋慶齡), 양행불(楊杏佛) 등과 함께 중국인민 권리보장 동맹회를 조직하였다. 이와 함께 체포당한 혁명가와 애국지사들인 허덕행(許德珩), 후외려(侯外廬), 마철민(馬哲民), 요승지(廖承志), 진경(陳賡), 정령(丁玲), 반재년(潘梓年) 등의 구명활동에 힘을 쓰며 중국 공산당의 동맹자이자 전우로 거듭났다.

학계의 투사이자 세상의 모범

1936년 70세를 앞둔 채원배의 생일 축하연이 열렸다. 덕망이 높고 제자가 많았기 때문에 200여 명이 축하연에 참석했다. 채원배는 평생을 티끌 하나 물들지 않을 정도로 깨끗하게 살았기 때문에 방 한 칸조차 없을 정도였다. 친구들과 제자들은 70세 생일 선물로 돈을 모아 집을 지어주기로 했다. 채원배는 이에 단호히 반대했다. 하지만 제자들과 지인들의 진정어린 호의를 결국 마다하지 못하고 받아들이면서 이렇게 말했다.

"남은 생을 국가를 위한 문화사업이라는 의무에 마지막 힘을 보탤 것을 맹서합니다. 여러분의 뜻은 자손대대로 기억할 것입니다. 업적을 이루되 사사로움을 모르는 사람으로 남음으로써 여러분들의 마음에 보답하고자 합니다."

그러나 채원배의 처음이자 마지막이 될 집은 항일전쟁이 터지면서 끝내 실현되지 못했다.

당시 축하연에서 마군무(馬君武)는 이러 축시에시 남겼다.

"독일의 냉붕호걸 비스마르크는 70세 나이에 정치를 혁신하였습니다. 이처럼 자고로 사람 나이 70은 일을 해야 하는 나이이니 채 선생님께서는 늙었다 생각하지 말고 군중을 이끌고 나라를 구하는 데 힘써주시길 바랍니다."

채원배는 이렇게 답했다.

"사람이 70이 되었다는 것은 몇 년 더 살았다는 것일 뿐입니다. 120세를 상수(上壽)라 하고 80세를 하수(下壽)라 하는데, 올해 70세인 제가 무슨 나이를 말하겠습니까. 마 선생께서 늙었다 생각지 말고 나라를 구하는 데 힘쓰라 하니 그 뜻을 받들겠습니다!"

60세가 넘으면서 채원배는 장티푸스를 심하게 앓았는데 병세가 점차 나빠져 생명까지 위협받는 상황에 이르렀다. 다행히 그의 제자와 지인들이 전문의를 불러 전심전력으로 치료한 덕분에 가까스로 위험에서 벗어나긴 했지만, 이로 인한 후유증으로 그의 몸은 날이 갈수록 허약해져 갔다.

1937년 7월 7일, 일본 침략군의 노구교(盧溝橋) 공격을 시발점으로 중국군의 전면적인 항일전쟁이 시작되었다. 그러나 채원배는 평소 장개석의 노선을 지지하지 않았기 때문에 국민당 정부와 함께 중경(重慶)으로 가는 것을 원치 않았다. 병도 치료해야 했던 그는 몇 사람과 함께 홍콩으로 건너갔다. 홍콩의 복잡한 상황 때문에 채원배는 이름을 주자여(周子余)로 바꾸고 구룡(九龍)에서 거주했다. 또한 외출도 삼가고 모임도 일절 사절했다.

하지만 나라의 정세에 대해서는 관심의 끈을 놓지 않았다. 나라의 산하가 망가지고 일제에 의해 파괴되는 것을 비통해 하면서 전쟁에서의 승리를 간절히 갈망했다. 1938년 2월에 쓴 그의 시에는 항일전쟁에서 필히 승리해야 한다는 그의 신념이 잘 드러나 있다.

지역이 달라지니 감정도 옮겨가고,
역사는 돌고 돌아 본래 것으로 거슬러 올라간다.
나의 산과 강, 옛 슬로건을 돌려다오
아마 올해는 실현되려나!

채원배는 1930년 이후 줄곧 중앙연구소의 주석을 맡았는데, 홍콩에 머무는 동안에는 연구소 일에 더욱 매진했다. 1938년 2월 말 홍콩에서 그가 주관한 연구소 회의에는 총책임자인 주가화(朱家驊)와 정서림(丁西林), 이사광(李四光), 축가정(竺可楨) 등 10명의 소장이 참석했다. 이 회의에서 7개의 안건이 통과되었는데 항일전쟁 발발 후 진행된 첫 중요 안건 회의였다. 이후 매번 중요한 사항이 있을 때마다 채원배는 직접 회의를 주도하며 항일투쟁에 힘을 보탰다.

같은 해 5월, 채원배는 송경령이 주관하는 '중국수호 대동맹'과 홍콩 '국방 의약추진회'의 요청을 받아 처음으로 홍콩에서 공개석상

채원배의 북경대학 임명장

북경대학에 있는 채원배 흉상

에 얼굴을 드러냈다. 그는 이 두 조직에서 개최하는 미술 전시회의 개막식에 참석하여 강연을 하였다. 그는 미술교육과 항일전쟁의 관계에 대해 심도 있는 발언을 하면서 미술은 항일전쟁 시기의 필수품이라 강조했다. 얼마 지나지 않아 무한(武漢)에 전국 미술계의 항일협회가 성립되었고, 이와 동시에 항일 미술 전람회도 개최되었다. 이때 채원배는 풍옥상(馮玉祥), 곽말약(郭沫若), 하향응(何香凝) 등과 함께 명예이사로 선출되었다.

1940년 2월 5일, 섬서, 감숙, 영하 지역의 자연과학연구회가 연안(延安)에 성립되면서 채원배는 의장단의 일원으로 추대되었다. 2월 20일 연안의 각계 입헌정치 추진회는 제헌의회를 열고, 그를 모택동, 주덕, 송경령 등 30명으로 구성된 의회 명예의장단의 구성원으로 추대했다.

그러나 그는 오랜 병마로 일어나지 못했다. 1940년 3월 5일, 75세의 채원배는 홍콩의 양로원에서 세상을 떠났다. 그의 유골은 홍콩의 영원(永遠) 묘지에 안장되었다. 3월 7일, 중국 공산당중앙회 주석인 모택동은 연안에서 전보를 보내 채원배의 가족에게 깊은 애도를 표하는 한편 채원배를 '학계의 투사이자 세상의 모범'이라고 했다.

오늘날 중국의 수도 북경에 자리 잡고 있는 명문 북경대학의 아름다운 호수가에는 반신 동상 하나가 서 있다. 이른 아침부터 밤늦게까지 이 동상 곁을 지나면서 얼마나 많은 청년들이 이 동상의 주인공을 그리워했는지 모른다. 그 주인공은 바로 북경대학의 역사를 새롭게 썼던 위대한 교육가 채원배이다.

채원배는 교육총장을 지낼 때 자신의 옷을 손수 빨아 입었다. 북경대학의 교장으로 재임할 때는 월급 600원을 쪼개서 공익사업에 후원하고 어려운 친구와 동료를 도왔다. 월급이 한 푼도 남지 않는 일이 많았다. 중앙연구소 소장을 맡은 후에도 종종 수입보다 지출이 더 많았고, 세를 들어 사는 집은 너무 작아 자신의 서적들을 한곳에 모아 둘 수가 없을 정도였다. 홍콩에 거주할 때는 터무니없이 비싼 방세와 물가, 거기다 자녀의 교육 및 약값과 같은 비용으로 그의 생활수준은 일반 짐꾼이나 중노동자만 못했다. 그러다 보니 제대로 된 치료도 하지 못했고, 게다가 나라에 대한 걱정과 일제에 대한 분노 등이 겹쳐 그의 몸 상태는 점점 더 악화되었다.

이렇게 궁핍한 생활이었지만 채원배는 명문가나 부자들에게 몸을 굽히거나 도움을 구걸하지 않았다. 오히려 곤명, 필리핀, 싱가포르 등지로 이주하라는 국내외 유명 인사들의 편지를 완곡하게 사절하는 일도 많았다. 병마와 가난에 시달리던 노년의 지식인이 이런 제안을 거절하기란 결코 쉽지 않았을 것이다. 채원배의 지조가 어떠했는지 잘 보여주는 사실들이다.

체원배의 부인인 주양호(周養浩)는 1923년 그를 따라 프랑스로 건너가 파리 미술 전문대학에서 공부를 했고, 유화를 특히 잘 그렸다. 나중에 그녀는 채원배의 전신상을 그렸는데 그 모습이 마치 살아 있는 듯했다. 이를 본 채원배는 놀라움에 이런 시를 남겼다.

지나간 세월의 모든 찰나가

내 얼굴 곳곳에 모두 드러나는구나.

오직 그대만이 제일 나를 잘 아니,

마음의 여운이 영원히 사라지지 않으리.

이에 대한 주양호의 화답시에는 '세월이 아무리 지나도 영원히 닳지 않는다'는 글귀가 남아 있다. 두 사람의 정이 얼마나 깊었는지 잘 알 수 있다. 홍콩에서 부부는 어려운 생활 속에서도 서로를 의지하고 살았는데, 1939년 3월 주양호의 50세 생일 때 병마에 지친 상황에서도 채원배는 축시를 지어 축하했다. 주양호는 이를 꼼꼼히 챙겨 보관한 다음 역시 시로써 화답하였다. 종종 안부를 챙기는 자녀와 제자 및 친지들에 감사하며 부부는 몸은 힘들지만 기쁘고 감사한 마음으로 노년을 보냈다.

文武兼備

문무겸비

진정한 무인은
문으로 완성된다

풍옥상(馮玉祥, 1882~1948)
중국의 군인, 정치가

풍옥상은 말년에 천 리 먼 타국에서 독재자 장개석에 맞서 싸우며 치열하게 살았다. 그는 평생을 군대와 전쟁터에서 뼈가 굵은 군인이었다. 하지만 미국으로 이주한 뒤로는 외국어를 배우며 조국과 인민들에게 진실을 알리고자 최선을 다했다. 이는 늙은 군인의 자각과 그에 따른 실천이었다. 풍옥상의 삶은 우리에게 죽는 순간까지 깨어 있으라는 질책과도 같다.

항일운동을 펴다

풍옥상(펑위샹)은 본명을 기선(基善), 자를 환장(煥章)이라 했다. 본적은 안휘성 소현(巢縣)이고, 하북성 보정(保定)에서 살았다. 11세가 되던 해 가정형편이 어려워지자 매월 3량 3전의 봉급을 받기 위해 군인이 되었다. 고생을 마다하지 않았을 뿐 아니라 기지가 넘치고 용감하였기 때문에 그는 군대에서 점차 인재로 두각을 나타내기 시작했으며, 불과 몇 년 뒤 부분대장의 자리에까지 올랐다. 그 후 분대장과 소대장을 거쳐 순식간에 중대장과 대대장으로 승진하여 안휘 제3군 총사령이란 중책을 맡기에 이르렀다.

1924년 풍옥상은 '북경 정변'을 일으켜 임시총통이던 조곤(曹錕)을 체포하는 한편 마지막 황제 부의(溥儀)를 압박하여 자금성에서 내쫓았다. 이와 함께 국민군을 조직하여 스스로 총사령관을 맡은 다음 손중산(孫中山)에게 전보를 쳐서 북으로 올라올 것을 요청하는 등 미래 중국을 위한 큰 계획을 주도했다. 그러나 손중산이 북경에 도착한 지 얼마 되지 않아 병으로 세상을 떠나는 돌발 상황이 발생했다. 그러자 장개석이 이 틈을 타고 풍옥상이 일궈 놓은 성과를 가로챘다.

풍옥상은 장개석과 일찍이 형제의 동맹을 맺었으나 천성과 기질은 완전히 달랐다. 한 사람은 백성을 사랑하며 나라에 충성하였고, 한 사람은 백성을 도탄에 빠뜨리고 나라에 해를 끼쳤다. 한 사람은 정정당당했고, 한 사람은 음흉하고 간교했다. 한 사람은 민주와 평화를 추구하였고, 한 사람은 내란과 독재를 조장하였다. 한 사람은 민족의 영웅이었고, 한 사람은 민족의 변절자였다.

수년에 걸친 군벌 혼전을 거치면서 장개석은 항일 전쟁에서 풍옥상과 공산당이 힘을 합쳐 차하르 지역에서 항일 동맹군을 조직하여 일본에 대항하는 모습을 지켜보다가 전보를 보내 '모든 국가정책을 훼손시킨다', '중앙의 통일된 정부법령을 방해한다' 등의 구실을 붙여 풍옥상을 방해했다. 이와 동시에 이른바 '은탄(銀彈) 공세'를 통해 재산과 녹봉을 미끼로 항일동맹군 내의 의지가 약한 자들을 매수하여 풍옥상과의 관계를 이간질했다. 풍옥상은 하는 수 없이 가슴에 한을 품고 장수의 옷을 벗었다.

장개석의 집요하고 악랄한 방해공작에도 불구하고 1935년 공산당 홍군(紅軍)의 북상과 항일은 막을 수 없었다. 공산당은 2만 5천 리에 이르는 대장정 끝에 마침내 섬서성 연안(延安)에 이르러 혁명 기지를 재건했다. 이에 놀란 장개석은 이중적인 행동을 취했다. 일본에 투항하고 타협하며 적극적으로 공산당을 섬멸하려는 한편 항일 노선을 위장하여 풍옥상에게 산에서 나오라고 전보를 보냈다. 호방한 성격의 풍옥상은 항일전쟁의 단합에 도움이 되고 싶어 지난날의 원한을 잊고 부위원장으로 취임함으로써 국민당 정부 서열 2위의 자리에 올랐다. 그러나 얼마 되지 않아 풍옥상은 장개석의 행보를 알아챘다. 장개석은 일본 제국주의가 동북지역을 침입했는데도 장학량(張學良)에게 저항하지 말라는 명령을 내렸다. 공산당은 죽을힘

풍옥상과 장개석

1927년 풍옥상과 장개석의 모습이다. 앞줄 맨 왼쪽이 풍옥상이고 왼쪽에서 세 번째가 장개석이다.

풍옥상

북경 정변 무렵 풍옥상의 모습이다.

을 다해 일본과 싸우는데 장개석은 장학량과 양호성(楊虎城)을 보내 거꾸로 공산당을 공격하였다. 또 애국민주주의 열사인 심균유(沈鈞儒), 추도분(鄒韜奮) 등 7인이 항일전쟁 조직결성을 주장하자 장개석은 이들 '칠군자(七君子)'를 체포하여 감옥에 가두어 버렸다. 이렇듯 시대에 역행하는 장개석의 비열한 행동을 풍옥상은 더 이상 참을 수 없었고, 결국 공개적으로 반발하였다. 이에 장개석은 기회를 엿보다가 풍옥상이 미국으로 건너가 수리시설을 시찰하자는 주장을 펼치자 이를 핑계로 그에게 '수리(水利) 특사'라는 감투를 씌워 퇴역 수속을 밟게 했다. 이렇게 해서 풍옥상은 50년이 넘는 군인의 삶을 마감하게 되었는데, 그의 나이 65세 때였다.

미국에서의 특사 시절

풍옥상은 특사의 신분으로 1946년 9월 2일 출항하여 9월 14일 미국 샌프란시스코에 도착했다. 생활이 안정되자 그는 스스로에게 엄격한 스케줄을 정했는데 매일 3시간의 영어 공부와 독서, 작문, 퇴고, 신문 스크랩, 미국 역사 강의 및 저녁에는 1,000자 이상의 일기 쓰기가 포함되어 있었다. 이 외에도 때때로 시를 짓거나 그림을 그리기도 했다.

풍옥상은 영어를 배우기 위해 매일 영어 보충 학교에 가서 나이

지긋하신 여 선생님의 강의를 들었다. 선생님은 교재를 사용하지 않고 교실 내에 있는 사물을 하나하나 가리키며 단어를 가르쳤다. 처음에 풍옥상은 생활 속에 살아 있는 교재를 배우는 것이 교재 속의 죽은 단어들을 배우는 것보다 더 좋다고 생각했다. 그러나 수준이 높아질수록 이러한 교육법은 너무 단편적인 것처럼 보였고, 결국 그는 전학했다.

풍옥상은 자습을 매우 중요하게 생각해 팝송을 많이 들었다. 정신을 집중하여 반복적으로 듣고 꼼꼼하게 기록하였다. 그의 일기 중에는 다음과 같은 글이 있다.

"영어를 배우는 이치와 방법에서 가장 중요한 것은 열심히 하는 것이다. 그러나 이보다 더욱 중요한 것은 배우고 그것을 익히는 것이다."
"나는 당연히 영어에 전념할 것이다. 문장을 많이 만들어 낼 것이며 실용적인 말을 많이 배울 것이다."

당시 한 친구가 환갑을 넘긴 풍옥상이 러시아어에 통달한 것도 모자라 또 영어 비서를 대동하는 것을 보고는 뭐하러 고생을 자초하냐며 말렸지만 그는 오히려 웃으며 말했다.

"나는 사람이 세상에 태어나 세로로 된 문자도 배우고 가로로 된 문자도 배워야 한다고 확신하네. 만약 5개 국어를 할 수 없다면 최소한 3개 국가의 문자라도 배워야 하지 않겠나."

그러자 친구가 반문하였다.

"못하면 또 어떤가?"

"자네가 못하면 어서 가서 배워야지. 열심히 배워야지. 밥도 먹지 않고 잠도 자지 않고 배우게!"

"벌써 나이를 이렇게 먹었는데 배운다 하더라도 어디에 쓴단 말인가? 관 속까지 가져가기라도 할 텐가?"

"그렇다면 안 배우면 무엇을 하겠는가? 앉아서 죽음을 기다릴 텐가? 자네는 자네의 시간을 관 속으로 가져가려는가? 옛 성현들이 말하길 '마음이 죽는 것보다 더 큰 슬픔은 없다' 하였네. 마음이 죽는다는 것이 무엇이겠는가? 바로 배우려 하지 않는 것이네. 이는 하려 하지 않는 자포자기야. 이런 사람은 어떠한 희망도 없는 것이네!"

이런 각고의 노력과 성실함으로 풍옥상은 상당 수준의 영어 단어와 구문을 빠른 시간 내에 정복했다. 그는 영자 신문을 읽을 수 있었을 뿐만 아니라 일상적 회화도 능숙했다. 1년 뒤에는 영어로 강연도 할 정도였다.

1947년 5월 25일의 일기에는 다음과 같이 기록되어 있다.

"오늘은 가장 기쁜 기념일이다. 바로 영어로 강연을 한 것이다. 노력하고 또 노력하고 끊임없이 노력하면 반드시 성공한다는 것을 나는 믿는다!"

풍옥상은 몸에 밴 소박하고 청렴한 생활과 사치를 싫어하던 성격으로 인해 열악한 경제 사정에서도 잘 적응했다. 스스로도 물건을 사지 않는다, 최대한 절약한다는 약속을 다짐했다.

풍옥상은 낡은 집에서 머물렀는데 집 밖에 풀밭이 있어서 매번 제초기로 정리를 해야 했다. 하지만 새 제초기를 사려면 20달러 이상이 필요해서 2달러짜리 중고를 사서 고쳐서 썼다. 그는 만족해하며 사람들에게 "보시오! 새 것과 똑같지 않소?"라고 말했다.

또한 먹는 것도 매우 간단했다. 항상 작은 식당에서 샌드위치 두 조각과 상추 한 접시, 우유 한 잔이 전부였다. 한번은 밖에서 소고기밥을 사먹었는데 4달러가 넘는 돈을 썼다며 자신을 책망하는 일기를 썼다.

"속에 고기 한 덩어리인데, 정말 돈을 쓸 필요가 없었어!"

집에서 식사를 할 때면 더욱 단출했다. 주로 배추와 당근, 토마토, 소고기를 한데 넣고 끓인 후 면을 넣은 것이 전부였다. 술은 전혀 입에 대지 않았다.

옷은 더 신경쓰지 않았다. 국내에 있을 때도 그는 겨울에는 거친 남색 천으로 된 넓은 솜두루마기, 여름에는 무명으로 된 대금괘(對襟褂)를 입는 정도였다. 외출할 때만 검정색 인민복으로 갈아입었다. 미국에서도 겨울에 집에 있을 때는 여전히 어정쩡한 길이의 두루마기를 입었고, 외출할 때는 양복에 넥타이를 챙겨 입는 정도였다. 그는 그것이 다른 사람에 대한 예의라고 생각했다.

풍옥상은 샌프란시스코에서 낡은 차 한 대를 구입했지만 뉴욕으로 이사한 후로는 교통이 편리해 늘 지하철을 이용했다. 그는 2,000달러에 차를 팔고 그 돈을 경제적인 어려움에 놓인 『뉴욕신보』에 기부했다.

풍옥상은 어디까지나 '수리(水利) 특사'라는 명목상의 특사였지만 실제로 수리시설과 기관들을 참관했다. 언젠가는 한번에 8개 도시를 돌아 왕복 78일에 거리만 3만 리(15,000킬로미터)가 넘는 일정을 소화한 적도 있다. 시찰을 통해 그는 "수리는 모든 민족의 생명과 관련된 근본적인 문제"라고 결론지었다. 수리와 농업, 공업과 교육은 중국의 빈곤과 낙후를 해결할 수 있는 묘약이었으며, 이 네 가지 사업을 이루려면 정부의 절대적인 지지가 반드시 필요했다. 그러나 국내의 상황과 장개석의 그동안 행적을 생각하면 상황은 결코 여의치 않았다. 풍옥상은 마음이 아프고 속이 상했지만 자신의 시찰이 조국에 조금이라도 도움이 되길 간절하게 희망했다.

풍옥상은 자신의 고향인 소현을 떠올리고 소현의 군수에게 편지를 써서 세 가지를 제안했다. 첫 번째는 소현은 비가 많이 오면 쉽게 범람하고 비가 적게 오면 바로 가뭄이 드니 힘써서 수리공사를 하라는 것이었고, 두 번째는 소현에 황폐한 산이 많으니 나무를 심는데 힘을 기울이라는 것이었으며, 마지막은 마을 전체에 양어회(養魚會), 양우회(養牛會), 양계회(養鷄會), 양돈회(養猪會)를 만들어 집집마다

1928년 〈타임〉 표지를 장식한 풍옥상

풍옥상 부부

물고기 1,000마리, 닭 네 마리, 소 한 마리, 돼지 한 마리씩을 기르게 하라는 것이었다.

소현의 군수는 편지를 받은 후 이를 매우 중하게 여겨 관련 인사들을 소집하여 몇 차례의 회의를 열고 심각하게 토의했으나 자금 문제와 조직 구성의 문제 등으로 성사되지 못했다.

정직, 절약, 인내를 중시한 자녀 교육

풍옥상은 언제 어떤 상황에서도 자녀의 교육문제를 소홀히 한 적이 없었다. 그의 교육 핵심은 첫째는 정직, 둘째는 절약, 셋째는 인내였는데, 아이들의 연령에 따라 교육 방법이 모두 달랐다.

풍옥상이 미국에 간 지 1년이 지났을 때, 4명의 자식과 딸 풍이달(馮理達)의 약혼자 나원정(羅元錚)까지 미국으로 건너왔다. 그리고 얼마 뒤 뉴욕으로 이사를 했는데, 풍옥상은 자식들에게 집안일을 나누고 각자 자기 일에 충실하라고 가르쳤다. 모든 가족이 일주일 동안 교대로 밥을 지어야 했는데 어린 아들도 예외가 없었다. 매번 차례가 오면 아이들이 직접 주방 일을 맡아서 했는데, 어머니가 도움을 주겠다고 해도 보조 역할에 머물러야 했다. 학교에서 돌아와서도 일을 했다. 한번은 풍옥상이 그의 일기에 다음과 같이 기록했다.

"이달이 어제 집에 돌아왔다. 집에 한번 오는 것도 쉬운 일은 아니다. 오늘은 방을 정리하고 빨래를 하고 아이들을 씻기고 밥을 하는 등 모든 집안일에 일손을 보탰다. 어제 저녁에는 호떡을 구워 먹었다. 며칠 전 내가 호떡을 만들기로 약속했기 때문이다. 내가 군에 있을 때 호떡 굽는 일은 식은 죽 먹기였다."

풍옥상은 어린 아들 홍달(洪達)을 매우 아끼고 사랑했다. 하지만 겨울방학 때 집에 돌아오면 편안하게 지내도록 그냥 놔두지 않았다. 나무를 베거나 소젖을 짜는 일 등을 시켰다.

풍옥상은 자식들이 독립적으로 생활할 수 있는 기술을 많이 배우도록 특별한 규정을 만들기도 했다. 아들에게도 뜨개질과 간단한 재단을 필히 배우게 하여 재봉틀을 사용할 수 있게 하였다. 이런 극성 때문에 풍옥상의 자녀들은 많은 재주를 익힐 수 있었다.

풍이달과 나원정은 풍옥상 부부의 의견을 받들어 온 가족이 샌프란시스코에서 뉴욕으로 이사를 가던 도중에 결혼식을 올렸다. 당시 풍옥상은 직접 대련을 적어 결혼 선물로 남겼는데, 이 대련의 첫 소절은 '민주의 새로운 동반자, 자유를 선봉으로'였다.

이후 나원정은 한동안 풍옥상의 비서를 맡았는데, 나원정이 학교에 들어가 학문을 더 연구하고자 하였을 때 풍옥상은 23조항의 격려사를 남겼다. 앞의 5조항은 나원정의 부지런함, 번거로움을 두려워하지 않는 성정, 인내심과 배우려는 자세 등 풍옥상의 관점에서

본 그의 장점을 기술하였고, 뒤의 18조항은 모두 풍옥상의 희망 사항이었다. 여기에는 이런 내용들이 포함되어 있었다.

늘 나라와 민족을 생각할 것
영어를 습득하는 데 노력할 것
대중적인 생활을 할 것
시간을 잘 지킬 것
타인을 위해 할 수 있는 일이 무엇인지 늘 생각할 것

풍옥상은 결혼한 자녀들이 부모와 사는 것이 아니라 독립해서 살기를 원했다. 자녀들이 이해하지 못하는 것이 있을까 염려되어 항상 자녀들과 소통했는데, 필요할 경우는 경전을 인용해 심오한 내용이라도 알기 쉽게 표현하여 자녀들이 진심으로 이해하고 기쁘게 그의 의견을 받아들이도록 하였다.

조국을 걱정하는 마음

풍옥상은 미국에 거주하면서도 마음은 늘 중국에 있어 조국을 생각나게 만드는 것들을 보면 늘 마음이 먹먹해졌다. 샌프란시스코에 막 정착했을 무렵 풍옥상은 새벽녘 공원을 산책하다가 무심코 벤치에 앉아 휴식을 취하고 있었다. 그러다 당시 미국·스페인 전쟁 당시 한 장군을 기념하는 높이 16미터에 이르는 입식 동상과 함께 주위에 화려하게 피어 있는 꽃들과 자유롭게 먹이를 쪼고 있는 비둘기를 보고는 조국을 떠올렸다. 순간 이런 생각이 그의 심경을 착잡하게 만들었다.

애국지사는 유죄가 되고
장군은 공을 세우면 몸이 위태로우니
사람이 비둘기만도 못하구나!

샌프란시스코에서는 매년 퇴역한 장군과 병사들을 위해 만찬을 열어 일주일 가까이 마음껏 즐기는 행사가 있다. 이때가 되면 온 거리는 형형색색의 깃발이 휘날리고, 폭죽 소리가 요란했다. 퇴역한 군인들은 대열을 이뤄 행진을 하며 장관을 연출했다. 풍옥상은 직접 이러한 광경을 목격함과 동시에 미국의 퇴역 군인들이 대부분 대학에 들어가 공부를 하고 있으며, 부상당해 대학에 못 들어가면 매달 일정액의 생활비를 지급하고 있다는 사실을 알게 되었다.

과거 항일전쟁에 승리한 직후 그는 전문적인 기관을 성립하여 그 구역을 나누고 각 현마다 상세한 통계를 통해 전쟁 중에 죽거나 다친 사람 및 망가진 가옥과 설비를 파악하고 불구가 된 군인은 법으로 우대하여 돌봐야 한다고 여러 차례 장개석에게 건의했다. 장개석은 그의 말을 무시하고 어떠한 조치도 취하지 않았다. 풍옥상은 당시 일기에서 이렇게 썼다.

"미국 사람들이 이럴진대 우리 중국인도 스스로 천한 존재가 아니라면 분발하여 자신들의 자질을 보여야 한다. 이는 성공 여부나 공부 여부와 는 다른 문제이다!"

또 한 번은 미국 친구가 풍옥상을 초대해 식사를 하는데 미국대학의 교수와 대기업CEO, 목사, 의사 등이 자리를 같이했다. 대화 중 사람들이 중국 내전에 관해 이러쿵저러쿵 말들이 많았다. 그러자 풍옥상은 노기충천하여 "당신들의 무기가 지금 우리 중국인을 죽이고 있소!"라고 고함을 쳤다. 사람들은 모두 깜짝 놀랐다. 순간 풍옥상은 미국 정부가 이 사실을 은폐했다는 사실을 깨달았다. 그들은 미국 정부가 중국에 선의를 베풀고 있다고 생각하고 있었던 것이다. 이 일이 있은 후 풍옥상은 자신에게 진상을 밝힐 책임이 있다고 마음먹었다. 진상을 알고 깨달은 미국 시민들과 함께 미국 정부의 대중정책에 반대해야 한다고 확신했다. 이후 풍옥상은 더욱 영어 공부에 매진했다. 미국 시민들에게 자신의 생각을 전달하기 위해서는 영어로 강연하는 것이 필요하다고 생각했기 때문이다.

풍옥상의 영어 수준은 강연이 가능할 정도로 발전했다. 그는 기회가 있을 때마다 미국인들에게 자신의 생각을 알렸다. 이와 함께 미국에 있는 중국 공산당, 중국 민주 동맹, 민국당 좌파 친구들에게 연락하여 함께 '재미중국평화민주연맹'을 설립하여 간행물 창간 및 간담회 개회를 주관했다. 이 외에도 미국 진보 인사 및 단체, 하버드 대학과 콜롬비아 대학 등과 같은 유명한 학교에 연락을 취하여 미국 당국이 장개석을 조정하여 내란을 일으킨 악행과 비열한 속셈을 여러 가지 방식으로 폭로하면서 미국 내에 큰 반향을 일으켰다.

한편 장개석은 풍옥상의 이런 활동을 보고받고는 격노했다. 장개석은 어용(御用) 문인들을 매수하여 풍옥상을 비방하고 모욕하는 글을 쓰게 했다. 또 스파이를 보내 풍옥상을 미행하고 위협했다. 풍옥상의 직위를 몰수하여 일거리를 차단하고, 나아가 여권 발행을 취소했다.

평생 군인으로 살면서 수백 번의 전쟁을 몸으로 겪은 풍옥상은 어떠한 상황에서도 흔들리지 않는 대범한 영웅적 기질과 굳센 의지를 가진 사람이었다. 그는 태산처럼 흔들림이 없었다. 뜻을 굽히기는커녕 장개석에게 맞서 투쟁하겠다는 결심과 용기가 더욱 굳어졌다. 여권은 취소되고 스파이들이 곳곳에 깔려 있었지만 그는 여전히 거리로 나가 강연을 하면서 장개석을 비난했다.

중국인과 화교 및 미국 각계의 정직한 인사들은 풍옥상의 이런 활동과 결연한 의지에 탄복했으나 미국 당국은 그의 활동을 제한했다. 그러자 풍옥상은 집에서 다양한 방법으로 반장개석 운동을 계속 펼쳤다. 그는 미국 정부가 언제든 자신을 강제 출국시킬 수 있다고 보고는 밤낮으로 집필에 몰두하여 장개석에 대한 책을 출간하려고 했다. 이는 당시 상대적으로 쉬웠던 출판을 이용하여 장개석의 내막을 밝히려는 의도였다.

풍옥상은 부인의 전폭적인 도움으로 『내가 아는 장개석』을 출간했다. 모두 77장으로 이루어진 이 책은 미국에서 재판까지 찍는 등 큰 반향을 불러일으켰다. 만일을 대비하여 풍옥상은 미리 유언을 글로 남겼는데, 내용은 크게 세 가지였다. 첫째는 장개석이 정부 협상 회의의 의결안을 번복한 후 저질렀던 피로 물든 파시즘행위 및 부패하고 타락한 국민당 정치와 경제에 대한 통탄의 꾸짖음이었다. 둘째는 그가 일생에서 겪었던 몇몇 큰 사건들을 개괄하여 회고하는 것이었다. 셋째는 동지와 가족에 대한 당부였다.

이 책 중에는 다음과 같은 내용이 나온다.

"장개석이 보낸 스파이들이 많다. 그들은 모든 비열한 방법을 동원해 나를 괴롭힐 것이다. 때문에 나는 유서를 미리 작성해 내가 죽은 후에도 어찌해야 할지 몰라 허둥대지 않도록 하고자 한다. 이제 조항을 나누어 아래와 같이 쓰고자 한다. 1. 손문 선생의 유교(遺敎)는 첫 번째 대표회의의 내용과 같으며, 이는 내 벗들의 방침이다. 2. 동지들은 혁명위원회의 선언과 모택동 선생 및 중국 민주 동맹의 최근 선언을 지침서로 따라야 할 것이다. 3. 반제국주의, 반봉건, 반내전, 반기아가 우리의 목표라는 것을 확실히 하고 반드시 이를 이루어 내야 한다. 4. 장개석은 봉건주의의 수령이자 제국주의의 앞잡이이므로 반드시 뿌리를 뽑아야 한다."

유서를 작성하던 그날 밤 풍옥상은 일기에 "나의 유서를 모두 작성했다. 언제 죽게 되더라도 두렵지 않다"고 적었다.

그 후 미국 정부는 강건책과 유화책을 모두 동원했다. 하지만 풍옥상은 굴복하지 않았다. 미국 정부는 자녀들의 여권마저 잇따라 취소하여 그들이 미국에서 살 수 없게 했다.

이 무렵 중국 국내의 정세에도 큰 변화가 일어났다. 인민해방군은 부패세력을 뿌리 뽑겠다는 기세로 장개석 일가를 괴롭혔다. 혁명의 승리가 임박했을 무렵 풍옥상은 여생을 조국에 바치기로 결심하고 주미 소련대사관의 도움을 받아들이기로 결심했다. 그는 소련의 '승리호'에 올랐다. 그러나 안타깝게도 풍옥상을 태운 귀국행 배에 불이 났고, 이 화재로 그는 67세의 나이로 생을 마감했다.

풍옥상이 사망했다는 소식에 소련은 전용기를 보내 그의 시신을 모스크바로 이송했다. 소련은 그의 시신을 화장한 다음 소련 군대의 전통에 따라 최고의 의전으로 풍옥상을 떠나보냈다. 그의 유골은 오데사의 한 공동묘지에 안장되었다.

이 소식이 전해지자 중국 전역은 놀라움과 슬픔에 휩싸였다. 모택동과 주덕(朱德)은 공동명의로 전보를 보내 애도를 표했으며, 이제심(李濟深)도 전보로 깊은 애도의 뜻과 함께 공개적으로 담화를 발표했다. 중국민주연맹 미얀마 집행위원회와 대만 민주자치동맹 및 각

풍옥상의 묘

중국 산동성 태산에 조성된 풍옥상의 묘이다.(CC BY-SA 3.0)

계층의 저명인사, 심지어 미국 전 국무장관에 이르기까지 수많은 사람들이 애도를 표했다.

1949년 중국 해방 후, 중국 공산당 중앙위원회와 중국 인민정부는 한평생 지극한 마음으로 조국을 사랑했던 풍옥상 장군의 역사적인 공로를 기념하기 위해 주은래(周恩來, 저우언라이) 총리의 구체적인 계획 하에 태산의 서쪽 산기슭 아래에 능묘를 건설했다. 유골 안장 의식은 매우 융성하게 치러졌다. 모택동, 주덕, 주은래 등 당과 정부 지도자들이 모두 친필 추도사를 올렸다. 안장 의식에 참가한 중앙과 지방의 각계각층의 대표는 800명이 넘었다.

풍옥상의 안장식에서 어떤 이는 다음 추모시를 읊었다.

마음은 나라와 백성에게 있고
온 몸이 배짱이니,
태어나 죽을 때까지 완고하게 장개석과 싸웠다.
장군의 뜻이 이루어지기 전에
몸이 먼저 세상을 떠났으나
정기는 영원토록 명산에 남았다!

참고 자료

『史記』(司馬遷).

『名人家庭敎育故事』(余心言編著), 上海人民出版社, 1982.

〈歷代書信選〉, 中國靑年出版社, 1990.

〈中外名人遺書之謎〉(邊國恩, 楊承, 賈俊民), 河南文藝出版社, 2003.

『中國古代的家敎』(闆愛民), 商務印書館國際有限公社, 1997.

『中外名人家庭敎育』(李春光編著), 中國人事出版社, 2001.

〈中外100名人晚年生活〉(李春光著), 中國人事出版社, 2001.

『孔子敎子』(程興愛 · 李景明編著), 山東友誼出版社, 2003.

『中國古代孝道(資料選編)』(駱承烈編), 山東大學出版社, 2003.

『中國古代家庭敎育』(畢誠), 商務印書館, 2004.

〈古今名人敎子70法〉(肖春生), 天津社會科學院出版社, 2003.

『中國名人博物館』, 海燕出版社, 2003.

『中國大通史未解懸案全搜索』(劉樂土主編), 中國戲劇出版社, 2003.

『話說中國』(전15권), 上海文藝出版社, 2003.

『中國名著快讀』(華濁水主編), 中國戲劇出版社, 2004.

〈千古英雄絶命辭〉, 團結出版社, 2005.

『走近孔子·APPROACH CONFUCIUS』, 齊魯書社, 2002.

『孔子·CONFUCIUS』, 中國山東畵報社, 1989.

『聖蹟之圖』, 山東友誼出版社, 1989.

『中國人名大詞典』(歷史人物卷), 上海辭書出版社, 1990.

『中國大百科全書』(中國文學), 中國大百科全書出版社, 1986.

『中國歷代人物圖像集』(華人德主編), 上海古籍出版社, 2003.

『中國歷代名人畫像譜』(中國歷史博物館保管部編), 海峽文藝出版社, 2002.

『中國歷代人物像傳』(郭磬·廖東主編), 齊魯書社, 2002.

『中國近現代名人圖鑑』(熊治祁主編), 湖南人民出版社, 2002.

『맨얼굴의 중국사』(김영수 역), 창해, 2005.

『명문가의 자식교육』(김영수 편저), 아이필드, 2005.

『황제들의 중국사』(김영수 역), 돌베개, 2005.

『어머니의 회초리』(김영수 지음), 아이필드, 2006.

『중국사의 수수께끼』(김영수 지음), 랜덤하우스, 2007.

『청렴과 탐욕의 중국사』(김영수 역), 돌베개, 2007.

『제왕지사』(김영수 역), 창해, 2007.

『백양 중국사』(김영수 역), 역사의아침, 2014.

『태산보다 무거운 죽음 새털보다 가벼운 죽음』(김영수 지음), 어른의시간, 2015.

일생일어 一生一語

중국 역사에 이름을 남긴 26인의 인생 키워드

1판 1쇄 인쇄 2016년 3월 25일
1판 1쇄 발행 2016년 4월 05일

지은이   김영수

펴낸이   한기호
책임편집   오선이
펴낸곳   어른의시간
출판등록   제2014-000331호(2014년 12월 11일)
주소   121-839 서울시 마포구 동교로 12안길 14(서교동) 삼성빌딩 A동 3층
전화   02-336-5675
팩스   02-337-5347
이메일   kpm@kpm21.co.kr
홈페이지   kpm@kpm21.co.kr
인쇄   예림인쇄 전화 031-901-6495 팩스 031-901-6479
총판   송인서적 전화 031-950-0900 팩스 031-950-0955

ISBN 979-11-954453-9-4 03190

이 도서의 국립중앙도서관 출판예정도서목록(CIP)은 서지정보유통지원시스템 홈페이지(http://seoji.nl.go.
kr)와 국가자료공동목록시스템(http://www.nl.go.kr/kolisnet)에서 이용하실 수 있습니다.(CIP제어번호:
CIP2016007545)

어른의시간은 한국출판마케팅연구소의 임프린트입니다.
책값은 뒤표지에 있습니다.